保育者養成シリーズ

保育・教育課程論

林 邦雄・谷田貝公昭 [監修]
高橋弥生 [編著]

一藝社

監修者のことば

　周知のとおり、幼児期の保育の場はわが国では幼稚園と保育所に二分されている。幼稚園は文部科学省の管轄の下にある教育の場であるのに対し、保育所は教育を主体とする場ではなく、福祉の側面を備えた厚生労働省の下に位置づけられている。しかしながら、保育所は遊びを通じて情操を育むなど、教育的な側面をも包含していることは言うまでもない。

　このような事情から、従前より、幼稚園と保育所のいわゆる「幼・保一元化」が求められてきた。この動きは、社会環境の変貌とともにしだいに活発となり、保育に欠ける幼児も欠けない幼児も共に入園できる「認定こども園」制度として実現した。すなわち、平成18年に成立した「就学前の子どもに関する教育・保育等の総合的な提供の推進に関する法律」(「認定こども園設置法」)がそれである。

　今後、「総合こども園」(仮称)などの構想もあるが、こうした中で保育者は保育士資格と幼稚園免許の2つを取得するという選択肢が広がる可能性が高まっている。その理由は、総合こども園は、幼稚園機能、保育所機能、子育て支援機能(相談などが提供できる)を併せ持った施設で、既存の幼稚園と保育所を基本としているからである。

　監修者は長年、保育者養成に関わってきたものであるが、「保育学」「教育学」は、ある意味において「保育者論」「教師論」であると言えるであろう。それは、保育・教育を論ずるとき、どうしても保育・教育を行う人、すなわち保育者・教師を論じないわけにはいかないからである。よって、「保育も教育も人なり」の観を深くかつ強くしている。換言す

れば、幼児保育の成否は、保育者の優れた資質能力に負うところが大きいということである。特に、幼児に接する保育者は幼児の心の分かる存在でなければならない。

　この保育者養成シリーズは、幼児の心の分かる人材（保育者）の育成を強く願って企画されたものである。コミュニケーションのままならぬ幼児に接する保育者は、彼らの心の深層を読み取れる鋭敏さが必要である。本シリーズが、そのことの実現に向かって少しでも貢献できれば幸いである。多くの保育者養成校でテキストとして、保育現場の諸氏にとっては研修と教養の一助として使用されることを願っている。

　本シリーズの執筆者は多方面にわたっているが、それぞれ研究専門領域の立場から最新の研究資料を駆使して執筆している。複数の共同執筆によるため論旨や文体の調整に不都合があることは否めない。多くの方々からのご批判ご叱正を期待している。

　最後に、監修者の意図を快くくんで、本シリーズ刊行に全面的に協力していただいた一藝社・菊池公男社長に深く感謝する次第である。

平成24年7月吉日

　　　　　　　　　　　　　　　　　　　　監修者　林　　邦雄
　　　　　　　　　　　　　　　　　　　　　　　　谷田貝公昭

まえがき

　保育所や幼稚園のカリキュラムは、小学校以上のカリキュラムとは全く違うものである。というのも、保育は生活そのものであり、子どもたちが主体的に生活する中で経験すること自体がカリキュラムの内容になるからである。そのため、「家庭的」という名の下に計画が不十分なままに、場当たり的に保育を進めている園があるのも事実である。しかし、たとえ家庭的な保育を行う園であっても、何の計画もなしに日々の生活を送ることは、子どもの健全な発達を支援することにはならないだろう。在園中にどのような経験をし、それによって卒園時にどのような子どもに育ってほしいのか、という長期の見通しを持った保育課程・教育課程を基に短期の指導計画を立て、実施していくことが必要である。

　保育所においては、平成20年の保育所保育指針改定により、それまでの保育計画が保育課程と名称が変わり、各園で編成することが義務づけられた。このことは、保育の質の向上にプラスの影響を与えていると思われる。

　ただし、計画は実践してこそのものであり、計画だけが机上の空論として独り歩きしてはいけない。どんなにりっぱな計画を立てたところで、実践しなければ無意味なのである。また、実践後には必ず評価をし、計画の再構築をすることにより、初めて保育の質の向上が見られるのである。

　養成校の学生が自ら保育の計画を立て実践するのは、実習が最初の経験の場となるのではないだろうか。本来なら、子どもの様子を十分に把握していなければ計画は立てられないのであるが、実際は、実習園の協

力を得て実施している場合が多いようである。乳幼児と関わったことのない学生にとっては、最も難しい課題なのではないだろうか。しかしその経験を通して、保育における計画の必要性を感じることを期待している。

　乳幼児期の経験は、その後の長い人生の基盤となるものである。子ども一人ひとりが大切にされ、満足感を持って生活していくことが必要なのである。本書が、そのような大事な時期の子どもたちにとって、より良い保育課程・教育課程、そして保育の計画を立案するための一助になれば幸いである。

　最後に、本書の出版に快く応じていただいた一藝社の菊池公男社長、編集にご尽力いただいた森幸一さん、伊藤瞳さんに厚く御礼申し上げる。

平成24年7月

編著者　高橋　弥生

保育・教育課程論 ● もくじ

監修者のことば …… 2
まえがき …… 4

第1章 保育課程・教育課程とは …… 9
第1節　カリキュラム編成の基本
第2節　保育課程・教育課程の必要性
第3節　保育の計画と評価

第2章 保育所における保育課程 …… 23
第1節　保育所保育指針について
第2節　養護と教育について
第3節　保育課程編成上の基本と留意点
第4節　保育課程と指導計画のつながり

第3章 幼稚園における教育課程 …… 35
第1節　幼稚園教育課程の基盤となる事項
第2節　教育課程編成に向けて
第3節　幼稚園の教育課程編成の基本と留意点

第4章 指導計画の基本と作成 …… 49
第1節　長期指導計画と短期指導計画
第2節　指導計画作成の手順と留意点
第3節　さまざまな書式

第5章 指導計画と記録 …… 63
第1節　保育方法と指導計画
第2節　記録による反省
第3節　指導要録の構成と記載法

第6章　0歳児の指導計画の実際…… 77

第1節　赤ちゃんの言葉と人間関係の構築
第2節　0歳児の生活・安全面の留意点
第3節　一人ひとりに配慮した指導計画

第7章　1・2歳児の指導計画の実際…… 91

第1節　発達段階を理解する視点
第2節　1歳児の発達と指導計画
第3節　2歳児の発達と指導計画

第8章　幼児の指導計画の実際（保育所）…… 105

第1節　保育の基本
第2節　保育指導計画
第3節　幼児期の保育と小学校教育の接続

第9章　幼児の指導計画の実際（幼稚園）…… 117

第1節　指導計画とは
第2節　指導計画（日案）の作成手順
第3節　実際の指導計画

第10章　異年齢保育の指導計画の実際…… 131

第1節　異年齢保育の意義
第2節　指導上の手順および留意事項
第3節　異年齢保育の指導計画

第11章　さまざまな保育形態における指導計画の実際…… 143

第1節　保育形態に応じた指導計画
第2節　統合保育の指導計画と留意点
第3節　気になる子どもの指導案

第12章 行事を生かす保育の実際……157
第1節　年間計画と行事
第2節　行事の捉え方
第3節　行事の計画の実際

第13章 環境の違いによる指導計画の実際……169
第1節　環境の計画
第2節　オープンスペースでの環境の計画
第3節　子どもの実態に即した計画の推進

第14章 児童福祉施設における計画の実際……183
第1節　児童福祉施設とは
第2節　児童福祉施設における計画とは
第3節　計画の種類

第15章 保育の計画と評価……197
第1節　評価の目的と対象
第2節　保育・教育活動の改善と評価
第3節　保育の質の向上と評価
第4節　保育の計画と評価をめぐる課題

監修者・編著者紹介……211
執筆者紹介……212

第1章

保育課程・教育課程とは

高橋　弥生

第1節 カリキュラム編成の基本

　「保育」とは、幼い子どもを保護し、いたわりながら教育することである。その意味では、幼児を育てている親は日々保育を行っていることになる。しかし、一般の家庭で子どもを保育する際、計画を立てて行っているという親は皆無に近いであろう。それでも子どもは育っていく。では「保育」に計画は必要ないのであろうか。もちろんそうではない。というのも、ここでいう「保育」とは、乳幼児が集団生活をしている幼稚園、保育所、認定こども園、さらに児童福祉施設などを対象としているからである。急激な心身の発達をするこの時期に、無計画な集団生活の中では十分な発育・発達は期待できないだろう。ゆえに、保育の計画には重要な意味があるのである。
　この章では、幼稚園や保育所における計画の意味や必要性について考えていくこととする。

1. 保育課程・教育課程（カリキュラム）とは

　教育課程とは、教育目標に向けて編成された教育内容のことである。学校教育法、学校教育法施行規則、学習指導要領などにより、全ての学校で編成することが義務づけられている。カリキュラム（curriculum）は、ラテン語のクレレ（currere）を語源としており、その意味は走路・コースのことである。つまり、一定の教育目標を達成するために、卒業までの教育内容を意味のある順序で並べたもので、その道を進むことで卒業時に目標を達成することができる、というものである。幼児教育の場である幼稚園は学校に位置づけられているので、当然のことながら教育課程を編成することが義務づけられている。
　また保育所に関しては、2008年告示の保育所保育指針により教育課程

と同義の保育課程を編成することが義務づけられた。そのため2008年以降は、幼稚園であろうと保育所であろうと、各園で教育課程や保育課程を編成することになったのである。

　目標達成のためのカリキュラムというと、まるで幼稚園・保育所ではカリキュラムに沿った保育を、保育者が子どもに一方的に与えているような保育者主導の保育を思い浮かべるかもしれない。しかし、小学校以上の教科内容を編成した教育課程と、保育現場の保育・教育課程では、その内容が大きく違っている。というのも、小学校以上の学校が教科中心の教科カリキュラムであるのに対し、保育現場におけるカリキュラムとは、園生活全体を見通してその健全な発育を促進するために好ましい経験を編成した、経験カリキュラムだからである。

　幼稚園教育要領および保育所保育指針の総則に示されているように、乳幼児の保育は環境を通して行われるものである。乳幼児が主体的に環境に働きかけることによりさまざまな経験をし、そしてその経験により、子どもたちが自らの力で育っていけることを目指している。経験カリキュラムは、入園から卒園までの在園期間に、各園が目標とする望ましい子どもの姿を目指して、どの時期にどのような経験をすることが良いのかを編成したものである。そしてそれが、保育現場での保育・教育課程なのである。

2. 乳幼児期の発育・発達を捉える

　保育・教育課程を編成する際には、当然ながら対象となる乳幼児期の発育・発達を捉えておく必要がある。心身の発達がどのように進み、在園中に子どもの何を育てるのかが明確に示されていなければならないだろう。

　保育所は0歳の乳児から入所している。その段階の子どもにとって最も必要であるのが保育者との愛着であり、守られているという安心である。そのうえで初めて自我が芽生え、自発的な行動ができるようになる

のである。ゆえに、乳児段階の保育課程は、子どもが自発的に活動に取り組めるようになるまでの道筋が描かれているべきである。

　さらに、幼児期から卒園までの保育課程は、心身の健全な発達を基礎に、社会性、道徳性を培う内容とならなければいけない。保育所保育指針の第2章「子どもの発達」を念頭に置きつつ、保育所保育の特性を踏まえて保育課程を編成することが望ましいのではないだろうか。

　幼稚園は、満3歳から小学校就学前の子どもたちの保育を行うこととされている。保育所に比べ保育時間が短い幼稚園の場合、同じ3歳児でも保育内容には違いがあることもあるだろう。しかし、やはり発育・発達の特性を捉えなければならないことは同じである。幼稚園教育要領（第1章第2-1）には、「自我が芽生え、他者の存在を意識し、自己を抑制しようとする気持ちが生まれる幼児期の発達の特性を踏まえ」教育課程を編成するように明記してある。卒園までの期間にこれらの特性を踏まえ、充実した生活を子どもが送ることができる内容でなければならないのである。

3．各園独自の理念を持つ

　前述のとおり、小学校以上の学校は教科中心のカリキュラムが編成されるため、その内容が把握しやすい。ところが幼稚園や保育所の場合、「環境・遊びを通した保育」であるために、その内容が分かりづらい場合がある。また、公立がほとんどの小学校・中学校に比べ、私立が多くを占める幼稚園や、待機児童対策で私立が急激に増加してきている保育所の場合、その保育内容は各園により大きな違いが出る。そのため、公立小学校の場合は日本全国どこでも教育内容にさほどの違いはないのに対し、幼稚園・保育所は園の保育方針により保育内容に大きな違いが生じることにもなる。ゆえに、幼稚園や保育所は、自園の保育理念を明確に示し、それに基づく保育内容や保育環境を保育課程・教育課程の中に編成していかねばならない。そしてその内容が保護者にも提示されるべ

きであり、さらに全保育者が共通の理解のうえで保育がなされなければ意味をなさないのである。

　幼稚園・保育所は「子どもを遊ばせているだけ」ではなく、そこには目指す子どもの姿があるということ、そこに向かって必要な環境や経験を子どもの発達に沿って配置したカリキュラムがあり、そこで働く保育者はもちろん、保護者にもそのカリキュラムが理解されていることが大切なのである。

4. 発達と生活の連続性を踏まえる

　2008年告示の保育所保育指針（第4章1（1）ウ）に「保育課程は、子どもの生活の連続性や発達の連続性に留意し、各保育所が創意工夫して保育できるよう、編成されなければならない」と記されている。また幼稚園教育要領（第1章第2）には「家庭との連携を図りながら」という表現がある。さらに、「幼稚園生活における幼児の発達の過程を見通し、幼児の生活の連続性、季節の変化などを考慮して、幼児の興味や関心、発達の実情などに応じて設定すること」（第3章第1-1（2）ア）と保育計画の留意点を示しているのである。つまり、幼稚園や保育所に在園している期間、どの時間帯においても、子どもの発達と生活の連続性に対する配慮を計画の中に盛り込むことを明記しているのである。

　子どもたちの在園中の育ちを保障するには、一人ひとりの発達の連続性を無視することはできない。たとえ担任が変わろうと、一人の子どもの育ちが切り替わるわけではないので、育ちの流れの中で子どもを捉える必要があるだろう。また、子どもが生活するさまざまな場を切り離して園での生活を考えることは、心身の発育が未熟な乳幼児にとっては無理がある。家庭での生活と幼稚園・保育所での生活は、子どもにとってはつながっているものである。その意味で保育・教育課程は、子どもの発達と生活の連続性を考えたものでなければならないのである。

　さらに、昨今は小学校との連携に関しても重要視されてきている。幼

稚園教育要領（第3章第1の2（5））には「幼稚園教育と小学校教育との円滑な接続のため、幼児と児童の交流の機会を設けたり」するなど、小学校との連携を図ることを示している。保育所保育指針も同様で、「小学校との連携」という項目がある（第4章1（3）エ）。そこには「子どもの生活や発達の連続性を踏まえ、保育の内容の工夫を図るとともに、就学に向けて、保育所の子どもと小学校の児童との交流…（中略）…など小学校との積極的な連携を図るよう配慮すること」とある。

　子どもたちは卒園後に小学校に入学するが、これまで保育現場と小学校の連携が少なかったことで、いわゆる「小1プロブレム」のような問題が生じているのではないかと考えられている。保育者は、小学校の生活や教育課程にもっと関心を持つべきであろう。また、自園の保育・教育課程について小学校側に理解をしてもらう努力を怠ってはいけない。そして子どもたちがスムーズに小学校生活に移行できるような配慮をしていく必要がある。そのため保育・教育課程の中に、小学校の児童との交流などを計画的に組み込むことが大切であろう。

　また、幼稚園・保育所を取り巻く周辺地域との連携も欠かせない。園児たちの生活の場は地域社会にもあるのだから、そこでの生活との連続性にも配慮する必要がある。近隣地域にも自園の保育理念を理解してもらうことで保育の幅が広がり、子どもたちの経験もより豊かなものになるのではないだろうか。

第2節　保育課程・教育課程の必要性

　第1節では保育課程・教育課程の基本的な理解を行った。第2節では、保育においてなぜ保育課程・教育課程が必要であるのかについて述べていく。

1. 発達課題の欠落を避ける

　学校教育法第22条では、幼稚園を「義務教育及びその後の教育の基礎を培うもの」としている。また、幼稚園教育要領では、幼稚園の教育について「生涯にわたる人格形成を培う重要なもの」とし、保育所保育指針では、保育所での期間を「生涯にわたる人間形成にとって極めて重要な時期」としている。つまり、保育所や幼稚園で過ごす乳幼児期は、その子どもの人生の基礎となる部分を作る大切な期間であるということである。

　この時期の子どもは、心身の両面から飛躍的な成長を遂げていく。しかも、心と体のどちらか一方の成長が不十分では、健全な発育が望めないのである。栄養だけ与えていれば子どもが育つわけではないことは、すでに周知のことであろう。幼稚園も保育所も、その保育は「環境を通して」展開され、その環境に子ども自身が自主的に関わりながら心身ともに育つのである。

　しかし、その環境を考える際には、子どもの発達課題を無視してはできない。なぜなら子どもの発達には、発達に適した時期（適時性）や発達の順序（順序性）が存在するからである。どの時期にどのような環境を通して、どのような経験をすることで、どのような発達を目指すのかということが、保育課程・教育課程に示されていることが大切である。そして、それらを基に各々の保育者が具体的な保育計画を立てることで、子どもの育ちに必要な発達課題の欠落を避けることができるはずである。

　新人の保育者はもちろん、ベテランの保育者になろうと、保育計画を立てる必要性の第一は、その点にあると言えるだろう。

2. 共通理解の下での保育

　保育現場の主役は子どもであることに間違いはないが、子どもたち一人ひとりが安心して過ごすには、子どもたちに関わるさまざまな大人や

組織の存在が大きいものである。最も子どもたちと直接関わるのは保育者である。ただ、保育者にしても担任のみが関わるわけではないので、複数の保育者、または園の保育者全員が子どもの育ちを支えることになるだろう。その際、保育者によって保育に対する考え方が違っていては、子どもにとって大きな混乱の元になる。例えばA保育者は「いいよ」と言ったのに、B保育者には叱られてしまったとしたら、子どもは保育者に不信感を抱くのではないだろうか。同じ園で働く保育者は、保育・教育課程に示された園独自の保育理念をしっかりと理解し、保育者全員で共通の理解をしておかねばならないだろう。そしてそのためには、園内での研修を積み重ねることも大切なことである。

　園生活において、次に子どもの育ちに強く関わるのが保護者であろう。幼稚園や保育所での生活が充実したものになるには、保護者の理解と協力は欠かせない。幼稚園の場合は、ある程度保育理念を知ったうえで入園をするため、教育課程に対する理解もできているのかもしれない。しかし保育所の場合、定員に余裕があったから入園したという子どもも少なくないのである。そうなると、保育課程や保育理念といったものはほとんど知らないまま入園するわけである。ゆえに、保育所が行っている保育に不安や不満を持たないとも限らない。保護者が不安を持てば、その子どもも当然不安になり、自発的な活動の妨げになる可能性が高いのである。

　どのような状況で入園するにせよ、入園時に保護者に自園の保育・教育課程をきちんと理解してもらうことがたいへん重要なことなのである。幼稚園であろうと保育所であろうと、保育者と保護者が園の保育理念を共通理解し、子どもの育ちを共に喜び、連携をしていくことがとても大切なことである。

3. 子どもを正しく理解する

　乳幼児期の心身の発達については、保育者は当然のことながら専門知

識を持っているはずである。そしてその知識の上に経験を重ね、子どもに対する理解をいっそう深めていくのである。しかしながら、ときにはこれまでの経験による知識に頼りすぎて、実際の子どもの姿や発達の状況を見過ごしてしまうこともある。ややもすると、保育者の都合に合わせて子どもの姿を理解しようとすることを、無意識のうちに行っている場合もあるのである。そのようなことに陥らないために、保育・教育課程を基に子どもの発達の道筋を確認し、目の前の子どもの姿と照らし合わせて、子どもに対する正しい理解をすることが必要であろう。それにより、先を見通した子どもの発達を考え、適切な援助が行えるのではないだろうか。

4. 環境の効果を最大限に生かす

　学校教育法などにも明示されているように、保育は「適当な環境を与えて」展開されるものである。しかし、その効果を十分に生かすには、先を見通した計画がなくてはならないだろう。前述のとおり、子どもたちが自ら環境に働きかけるにしても、発達に適した環境がなければ力を存分に発揮することは望めない。そのため、保育者は子どもの育ちの少し先を見越した環境を用意する必要がある。また、自然のもたらす恵みを有効に保育に生かすにも、保育者の意識が働いていなければ不可能である。そのためにも、長期の見通しを持った保育・教育課程は重要な役割を果たすのである。

　また、各園の保育方針により、環境の作り方は全く異なるものになる。例えば、実のなる木を園庭にたくさん植えている園であれば、季節ごとにさまざまな実を子どもと収穫したり食したりすることになろう。食育に力を入れている園であれば、園庭で野菜の栽培などを行っているかもしれない。体を動かすことを大切に考える園であれば、遊具に工夫が凝らされていることもある。自由遊びが主体である園ならば、さまざまな遊びのコーナーが設定されているのではないだろうか。このように、各

園の保育・教育課程にある保育理念に基づいた環境が設定されるはずで、そこで保育を展開する保育者は、その環境の意味を十分に理解しておく必要があるだろう。

第3節　保育の計画と評価

　質の高い保育を実践していくために必要な条件は何であろうか。良い保育計画や実力のある保育者であろうか。もちろんそれらも有効ではあるが、自らの保育について評価をしなければ、いずれその質は低下していくこととなるだろう。実践に対する評価を常に行っていなければ、進歩はないのである。倉橋惣三（1882〜1955）は『育ての心』の中で、子どもらが帰った後に自らの保育を振り返ることの大切さを述べている。質の高い保育を維持するためには、保育が終了した後に、さまざまな観点からの評価が必須なのである。

　そして、その評価を基に、次の保育計画を再構築していく必要がある。評価は、保育を再構築するためのものなのである。それを繰り返していくことこそが、質の高い保育を維持していくことに他ならないのである。以下、評価の視点について挙げていく。

1．計画を基にした評価

　計画には、その活動のねらいが必ずあるはずである。評価を行う際は、ねらいに対して実践した結果はどうであったか、という視点を持たねばならない。保育・教育課程という大きなカリキュラムを基に、長期指導計画が立てられ、それがさらに週案や日案といった短期指導計画に反映されていく。評価は、ある意味その逆をたどることになるだろう。日案のねらいについて評価し、翌日の保育を組み立て直す。そしてその積み

重ねが週案の評価になるのである。このような繰り返しをしながら、その園が目指す子どもの育ちに近づく努力を積み重ねることが大切である。

2. 子どもの育ちに対する評価

　幼稚園や保育所において行われる保育は、子どもの心身の健全な育ちを目的としている。ゆえに、日々の保育実践において、子どもたちの育ちがどうであったかを見つめることが大切である。ほとんどの保育現場では、日誌という形で記録を残し、その中で子どもの姿を見つめ直す作業が行われている。ただ、クラスの日誌はクラス全体の記録になりがちで、子ども一人ひとりを見落としてしまうこともある。子ども一人ひとりの育ちを評価しようとするならば、わずかな記録でもよいので、一人ひとりについての様子を残すことが必要である。そのような日々の記録が積み重なることで、子どもの育ちが明確に見えてくるものである。

　また、その日の計画にはない子どもたちの生活のエピソードの中にも、子どもの育ちが表れてくることが多いものである。保育者はそのような出来事にも常に心を向けて、記録に残し、子どもたちの育ちに対しての正しい評価をすることが大切であろう。

　日々の慌ただしい保育の中では気づかなかった子どもの育ちを発見できることは保育者の大きな喜びでもあり、保育という仕事のやりがいにもなるのではないだろうか。

3. 保育者自身に対する評価

　「今日の保育はうまくいかなかった」と反省する保育者は多いと思う。そのようなとき、何がうまくいかなかったと感じているのであろうか。もしかしたら、「子どもたちが思いどおりに動いてくれなかった」「予定していた保育計画が終わらなかった」ということを気に病んでいるのかもしれない。反省することは悪いことではないが、単に自分の力不足を嘆くような反省は、あまり意味がないだろう。自分の保育を自己評価す

るときには、冷静にもう一度よくその日の保育を振り返ることをしなくてはならないだろう。「子どもたちが思いどおりに動かなかった」のは、計画に無理があったのか、自らの準備が不足だったのか、子どもに対する理解が間違っていたのか、などの視点を持ってその原因を考えることが大切なのである。「予定していた保育計画が終わらない」ことは、ときによっては子どもたちがとても楽しんだために起こることがある。保育者の反省の弁を聞くと、多くの失敗は「子どもの捉え方」という出発点が間違っているために生じているような印象を受ける。保育者は、まずは子どもたちの発達に対する正しい理解ができているか、子どもたちの姿を捉えられていたかについて振り返ることが大切なのではないだろうか。

　子ども理解について考えた後、その日の自分の言動について思い返す作業をすることも大切である。自分の言動は、子どもが自ら育とうとする力を育んでいたのか、ということである。保育者の多くは、細やかな配慮ができる資質を備えている。しかしそれゆえに、つい手や口を出しすぎることも多いものである。子どもが自主的にさまざまな環境に関わって育つ場面に、（何もしないということも含めた）必要な援助ができていたかどうかを振り返り、翌日の保育に生かしていくことが、保育者自身を成長させるのである。

4. 第三者評価

　保育に真剣に向き合っている保育者は、つい自分の園の保育について良い評価をしがちである。もちろん自分の園の保育に自信と誇りを持つことは大切なことであるが、ときには第三者による評価も必要であろう。同じ現場で働く保育者には見えないことが、外部の第三者から見るとわかることもあるものである。例えば、何の疑いもなく日々行っていた歯ブラシの管理方法が、実はあまり衛生的ではなかったり、運動会のプログラムが子どもの発達に合っていなかったりすることもある。例年どお

りに行うことで、なんとなく安心してしまっていることは意外と多いのである。そのため、第三者評価を定期的に受けることは、保育の質の向上につながるのである。

　第三者ではないが、自分の保育を同僚に評価してもらうことも、とても大切である。職員会議や研修会などを有効に使い、自らの保育計画と実践について同僚から評価してもらい、それを基に保育を再構築することは、さまざまな視点が含まれ、保育に広がりを持たせることになるであろう。

　保育計画と実践そして評価は常にセットになり、日々の保育の中で見直され再構築されていくべきものなのである。そのことを保育者は心にとどめ、保育の質の向上を目指すことが、これからの保育現場には求められているのである。

【引用・参考文献】
　青木久子『幼児教育知の探究——教育臨床への挑戦2』萌文書林、2007年
　阿部和子・前原寛編著『保育課程の研究』萌文書林、2009年
　倉橋惣三『育ての心』フレーベル館、1976年
　厚生労働省『保育所保育指針解説書』フレーベル館、2008年
　林邦雄・谷田貝公昭監修、中野由美子・大沢裕編著『子どもと教育』(子ども学講座5)一藝社、2009年
　文部科学省『幼稚園教育要領解説』フレーベル館、2008年
　谷田貝公昭監修、林邦雄責任編集『保育用語辞典〔第2版〕』一藝社、2011年

第2章 保育所における保育課程

高林穂津美

第1節　保育所保育指針について

1．保育所保育指針に関連する変遷

　1947年、「児童福祉法」が制定され、保育所が児童福祉施設の一つとなった。翌1948年には児童福祉法第45条の規定に基づき、「児童福祉施設最低基準」が制定された（**図表1**）。

　「保育所保育指針」が初めて制定されるのは、1965年のことである。「養護と教育とが一体となって豊かな人間性をもった子どもを育成する」ことを「保育所における保育の基本的性格」とした。保育内容は、「望ましいおもな活動」として保育や年齢ごとに捉え「4歳以上では、幼稚園教育要領の6領域におおむね合致するようにしてある」。ここでいう「6領域」とは、「健康、社会、言語、自然、音楽リズム、絵画表現」である。1963年には「幼稚園と保育所との関係について」という文部省・厚生省の両局長通知が出された。そこには6項目取り上げられているが、その中の一つに「保育所のもつ機能のうち教育に関するものは幼稚園教育要領に準ずることがのぞましいこと」とあり、これに従ったものである。「教育に関するもの」とは保育内容6領域に関わるものとして考える。保育所はこのほかに「養護」という機能を併せ持つ。

　以降「保育所保育指針」は1990年に第1次、1999年に第2次、と改訂を重ねるが、いずれも「幼稚園教育要領」の改訂に1年遅れである。教育に関わるものは「幼稚園教育要領」に準ずるということで、「幼稚園教育要領」が改訂された後「保育所保育指針」も改訂されている。そのため第1次改訂では、改訂後の「幼稚園教育要領」と同じく6領域から5領域となっている。ここでいう「5領域」は、現在と同じ「健康、人間関係、環境、言葉、表現」である。第2次改訂では、保育内容の「年齢区

図表1　保育所保育指針等の変遷

1947年	「児童福祉法」制定
1948年	「保育要領——幼児教育の手引き」（文部省刊行）
1948年	「児童福祉施設最低基準」制定
1950年	「保育所運営要領」（厚生省刊行）
1952年	「保育指針」（厚生省刊行）
1963年	「幼稚園と保育所の関係について」（文部省・厚生省局長通知）
1965年	「保育所保育指針」（厚生省通達）
1990年	（第1次改訂）「保育所保育指針」（厚生省通達）
1999年	（第2次改訂）「保育所保育指針」（厚生省通達）
2008年	（第3次改定）「保育所保育指針」（厚生労働大臣告示）

(注)　第1次・第2次は改訂、第3次は改定であるのは、「定め方を改める」であり、告示になったことを意味している［無藤・柴崎、2009］。

(筆者作成)

分」が「発達過程区分」に変更された。さらに、「子どもを取り巻く環境の変化に対応して、保育所には地域における子育て支援のために、乳幼児などの保育に関する相談に応じ、助言するなどの社会的役割も必要となってきている」（第1章総則前文）と、子育て支援を保育所の役割として明記した。

2. 保育所保育指針2008年改定のポイント

(1) 改定に当たっての基本的な考え方

これまで「保育所保育指針」は厚生省局長による「通知」であり、ガイドラインと呼ばれ、法的拘束力は特に求められていなかった。

2008年改定の保育所保育指針（以下、「新指針」という）は、児童福祉施設最低基準第35条に基づく厚生労働大臣の告示となる。これにより、保育所保育指針の法的な位置づけは幼稚園教育要領と同じとなり、法的拘束力・規範性を持つものになった。新指針の告示とともに、児童福祉施設最低基準（2012年「児童福祉施設の設備及び運営に関する基準」に名称変更）第35条も、「保育所における保育は、養護及び教育を一体的に行うことをその特性とし、その内容については厚生労働大臣が、これを定

める」と改正された。

　また、保育所の創意工夫や取り組みを促す観点から、保育の基盤となる遵守すべき最低の規準だけを示している。これを守りながら、園の持ち味や地域性、方針を創意工夫して、保育の質の向上を目指すことになる。

　さらに、保育現場だけではなく、保護者や地域の子育て・保育関係者などにも理解される明確で分かりやすい表現となった。

　そのほか、新指針と併せて解説書が作成された。内容の解説や補足説明、保育を行ううえでの留意点、各保育所における取り組みの参考となる関連事項等を記載している。このような解説書を付けるのは、今回が初めてである。

(2) 保育所保育指針2008年改定の内容

　保育所保育指針の改定のねらいは、保育の質の向上であり、保育所が子どもや子育て家庭を取り巻く今日的課題を踏まえ、保育の専門機関として地域社会に貢献することを求めている。主な改定のポイントは5つある。

①保育所の役割の明確化

　子どもの保育と保護者支援を担う保育所の役割を明確にするとともに、保育所の社会的責任（子どもの人権の尊重、説明責任の発揮、個人情報保護や苦情解決など）について明記している。

②保育の内容、養護と教育の充実

　子どもの育つ道筋である発達過程を押さえ、乳幼児期に育ち経験することが望まれる保育の内容を「養護」と「教育」の両面から明記している。「保育の内容」については、現行の6カ月未満児から6歳児までの8つの発達過程区分ごとに示すのではなく、どの発達過程にも共通する基本事項を示したうえで、乳児、3歳未満児、3歳以上児と3つの発達過程に応じた保育の配慮事項を明記した。また、子どもの健康・安全を守るた

めの体制を示すとともに、「食育の推進」を盛り込む。
　③小学校との連携
　子どもの生活や発達の連続性を踏まえた保育の内容の工夫や小学校との交流・連携を図ること、子どもの就学に際し、子どもの育ちを支える資料を「保育所児童保育要録」として小学校へ送付することを明記している。
　④保護者に対する支援の重要性
　保護者支援の基本を明らかにしたうえで、保育所に入所している子どもの保護者に対する支援と、地域における子育て支援の2つの役割を示している。
　⑤保育の計画と評価、職員の資質向上
　これまでの「保育計画」を「保育課程」という名称に改め、保育課程、指導計画に基づく保育実践を自己評価することを新たに規定した。また、自己評価を踏まえ、全職員が保育所の課題について園内研修などを通して理解を深め、職員の資質向上、専門性の向上を図ることを求めている。

第2節　養護と教育について

1. 保育所保育指針に関連する養護と教育について

　1965年の保育所保育指針制定当時から「養護と教育とが一体となって」という言葉は用いられている。養護と教育が一体的に提供されることの意味について整理していく。
　保育所は、児童福祉法に基づき保育に欠ける乳幼児を保育することを目的とする児童福祉施設である。保育所では、保護者の就労、病気、同居親族の介護などにより、日中、家庭で生活を送ることができない状態

の子どもを保育する。保育所は、人間形成の基礎を培う重要な時期に、生活時間の大半を過ごす場である。

養護とは、子どもが安定した生活を送るために必要な基礎的事項である生命の保持および情緒の安定に関わる事項を得させることである。ただし、環境上の理由等により特別な保護を要する児童を入所させる児童養護施設等における養護の概念とは異なる。

教育とは、生涯にわたる人間形成の基礎づくりへ向けて、自分で課題を見つけ、自ら学び自ら考える力、正義感や倫理観などの豊かな人間性、健康や体力などの生きる力や世界保健機構が重視しているような日常生活で生じるさまざまな課題や要求に対して、建設的かつ効果的に対処するために必要な能力・ライフスキルを指向しながら、健全な心身の発達を助長することである。

養護と教育の一体性とは、保育の目標を達成するために、具体的な「ねらい」および「内容」を構成する場合の操作的・分析的な視点として、養護と教育の機能を設定することが有効と考えられるが、保育の展開においては、生活・遊びを通した子どもの活動との関わりの中で、常に2つの機能が一体的に発揮される必要があるという意味である。

このように、養護と教育が一体となって、豊かな人間性を持った子どもを育成することが、保育所における保育の目指すところである。現在、OECDなどの国際機関においても、CareとEducationを一体として用いている。また幼稚園も、学校教育法上で、「幼児を保育し、……適当な環境を与えて、その心身の発達を助長することを目的とする」（第22条）とされており、教育と一定の養護とが一体的に提供され、それにより教育目標が実現されるとの考え方に立っている。

子どもに対する保育士の関わりとの関係では、養護と教育は、以下のように整理される。

・養護とは、子どもが健康、安全で情緒的に安定した生活と充実した活動ができるようにするために、子どもの状況に応じて保育士が適切に

行うこと。
・教育とは、生涯にわたる生きる力の基礎を育てることであり、子どもが身につけることが望まれる心情、意欲、態度について、5領域（健康、人間関係、環境、言葉、表現）のねらいを達成するために、子どもの自発的・主体的な活動を保育士が援助すること。

2. 教育を取り巻く新たな展開

　2006年に改正された教育基本法の第11条において、「幼児期の教育」が明文化された。ここでいう「幼児期の教育」は、小学校就学前の幼児が生活するすべての場において行われる教育を総称したものであり、保育所における教育も含まれる。

> **第11条**　幼児期の教育は、生涯にわたる人格形成の基礎を培う重要なものであることにかんがみ、国及び地方公共団体は、幼児の健やかな成長に資する良好な環境の整備その他適当な方法によって、その振興に努めなければならない。

　幼児期の教育とは、本条において明確な定義はなされていないが、おおむね、生後から小学校就学前の時期の幼児を対象として、幼児が生活する全ての場において行われる教育を総称したものと解される。具体的には、幼稚園等における教育、家庭における教育、地域社会におけるさまざまな教育活動を含む、広がりを持った概念として捉えられる。したがって、保育所において行われる教育も、本条の「幼児期の教育」に含まれる［田中、2007］。

第3節 保育課程編成上の基本と留意点

1. 保育課程の具体的な内容、編成の仕方について

　保育課程は、保育所保育の根幹となるもので、保育所保育の全体像を描き出したものである。保育課程の編成は、施設長や主任保育士のリーダーシップの下、全職員が参画して行う。まずは、既存の「保育計画」を見直し、改定された保育指針の内容に沿って見直し、検討していく。その際、保育課程が全ての計画の上位に位置づけられ、保育所保育の全体像を示すものとしてふさわしいものになっているかを、保育所保育指針やその解説書を参考にしながら全職員で協議していくことが必要である。まず、保育所の保育課程を編成し、それに基づいてさまざまな計画を作成し、保育所保育の構造化を図っていくことが重要である。具体的には、児童福祉法や子どもの権利条約などの保育の関係法令等に基づいた保育所の保育理念、保育目標、保育方針などが提示され、0歳から6歳までの子どもの発達過程を見通し、それぞれの時期にふさわしい保育のねらいと内容について一貫性を持って組織することが必要である。各保育所の子どもの実態や子どもを取り巻く家庭、地域の状況などを踏まえるとともに、保育所の保育の環境や特性などを生かし、工夫して項目を設定する。保育所での生活がその後の子どもの生活や学びにつながっていくことに留意し、子どもの生活や発達の連続性を表すものとなることが重要である。

2. 保育課程の編成や指導計画作成の留意点について

　保育課程や指導計画による保育実践を自己評価し、計画の見直しにつなげることが、保育の改善や保育の質の向上につながる。そのため、指

導計画に基づく保育実践を振り返るとともに、指導計画の根幹である保育課程を全職員で見直し、明らかになった課題などを保育課程に反映させていくことが重要である。また、保育課程や指導計画を作成する際、評価の視点や着眼点を視野に入れることで、その後の振り返り、自己評価、計画の見直しや再編につなげていく。この一連の流れを保育所において意識的に取り組むことが保育の質の向上につながると考えられる。保育課程や指導計画の様式は、新指針やその解説書において示していない。新指針の内容や趣旨を踏まえて、それぞれの保育所において全職員で協議して編成していくそのプロセスが大事であり、保育所の特性や地域性などを生かして創意工夫を図っていくことが重要である。その取り組みの中で、保育を捉え直し、職員間のいっそうの共通理解を図っていくことが保育の質の向上につながると考えられる。 保育の計画が実践されるときには、ねらい（保育者の願い）と目の前の「子どもの欲求（興味・関心）」との折り合いをつけながら、計画が修正されることになる。保育は、保育者の計画どおりに生活（保育）を展開するものではなく、目の前の子どもとの折り合いをつけて生活（保育内容）を作り上げていくものである。以上のような生活（保育実践）と計画に対する考え方から、保育課程・指導計画を考えるうえで、保育者自身がどのような生活（保育）を望んでいるのか。また、子どもとの生活（保育）をどのように捉えるのかということを検討することが重要である。

第4節 保育課程と指導計画のつながり

1. 保育所保育指針と指導計画

保育所保育指針が2008年に改定されたことにより、保育の現場にはさ

まざまな変化が起こった。認可保育所で指導計画を作成することが義務づけられたこともその一つである。新指針の改定の主なねらいは、保育の専門性を高め、保育所の位置づけや保育内容を明確にすることである。その背景には、保護者をめぐる環境が変化し、保育所に期待される役割がより広くなってきたことがある。例えば、保育所で保育者を支援する重要性が増し、「第6章　保護者に対する支援」の項目が設けられた。また、小学校の学校崩壊や学習に問題を抱える子どもが増えてきたことから、小学校との連携が強化された。

2. 保育課程から指導計画へ

　保育課程とは、保育所の理念、目標、方針など全体の計画を意味する。新指針以前の保育計画は、指導計画との関連のみで作成されてきたため、発達カリキュラムという性格を持っていた。新指針の保育課程は、子どもの育ちを見通す発達カリキュラムの部分もあるが、同時に保育所全体を捉えて一貫性をもたらすという役割がある。また、保育課程は保育所保育の全体を一つにするものである。そこで指導計画をはじめとするさまざまな計画が関連づけられていることが必要である。保育課程と指導計画の関連について『保育所保育指針解説書』によると、「『指導計画』は、保育課程に基づいて、保育目標や保育方針を具体化する実践計画」である。

　保育課程は、指導計画をはじめとする保育所のさまざまな計画の基となり、保育課程実現のために保育所全体で行う。保育課程は入所している全ての子どもを対象とする。保育課程の編成は、施設長が中心となり年度ごとに行われるが、保育者、看護師、栄養士などの全職員が参加して行うことが必要である。これに対し、指導計画は保育課程に基づいてクラスあるいは個人のために作成する、年間や月、週など、ある期間の具体的な実践計画である。保育全体の流れとしては、まず保育所の理念・方針・目標があり、それに従って保育課程が編成され、指導計画が

作成される。各クラスでは、指導計画の下で環境づくりや保育の準備を行う。保育の実践の後は、指導計画が適切なものであったかどうか、保育の成果を振り返り、次の指導計画作成に生かす。

　このように、計画（Plan）に基づき実践し（Do）、その実践を評価し（Check）、改善（Action）に結びつけていくというPDCAの循環の継続が重要であり、これらの連動の中で保育の質と職員の協働性が高められていくことが、厚生労働省が2009年3月に公表した「保育所における自己評価ガイドライン」にも書かれている。つまり、指導計画はある期間の保育実践のために作成するばかりではなく、将来の保育をより良いものにするためにも必要なものである。

3. 指導計画とは

　指導計画は、保育課程に基づいて保育目標や保育方針を具体化する実践計画である。指導計画は、長期指導計画（年・期・月）と短期指導計画（週・日）に分けられる。いずれもそれぞれのクラスの状況や一人ひとりの子どもの発達過程、保育所の実情などを考え、クラスごとに作成する。また、3歳児未満児は、個別の指導計画（個人案）を作成することが義務づけられている。3歳児以上児については、個別計画の作成は義務ではないが、一人ひとりの子どもの成長の姿を捉えるためには作成したほうが望ましい。

　各指導計画の構成要素はおおよそ、保育のねらい、内容、環境構成、保育者の配慮、家庭との連携、次の改善に向けた反省や自己評価などである。上記の構成要素のうち、保育の「ねらい」と「内容」は、指導計画の中心になる部分である。まず「ねらい」とは、子どもの発達過程を見通して、その時期に育てたい側面のことである。クラスで、あるいは個人で、その期間、特にどのようなところを育てたいかを「ねらい」に記し、それを実現するのにふさわしいと思われる活動を「内容」に記す。「ねらい」と「内容」を設定する際に大切なことは、現在の子どもの姿

から今後の発達を見通し、「養護」と「教育」の観点を押さえることである。養護とは「子どもの生命の保持及び情緒の安定を図るために保育士が行う援助や関わり」のことである。また、教育とは「子どもが健やかに成長し、その活動がより豊かに展開されるための発達の援助」のことで、健康・人間関係・環境・言葉・表現の5つの領域がある（「保育所保育指針」第3章）。3歳以上児では、参加できる行事も増えてくる。行事の中で育てたいことなども、積極的に指導計画に組み込んでいく。指導計画の書式は保育所によってさまざまであるが、全てが上記の基本に沿った形で作成されている。

【引用・参考文献】

　厚生労働省『保育所保育指針解説書』フレーベル館、2008年

　田中壮一郎監修、教育基本法研究会編著『逐条解説 改正教育基本法』第一法規、2007年

　無藤隆・柴崎正行編『新幼稚園教育要領・新保育指針のすべて』（別冊『発達』29号）ミネルヴァ書房、2009年

第3章

幼稚園における教育課程

三宅　茂夫

第1節　幼稚園教育課程の基盤となる事項

1. 幼稚園教育の目的と目標

　学校教育法第22条に「幼稚園は、義務教育及びその後の教育の基礎を培うものとして、幼児を保育し、幼児の健やかな成長のために適当な環境を与えて、その心身の発達を助長することを目的とする」とあるように、学校教育としての役割を担いつつ、幼児期の成長・発達にふさわしい教育を行うことが目的である。また、幼稚園教育は、その後の教育との接続性・連続性を持つものと規定されている。

　幼稚園教育は、以降の教育と単純なつながりで展開されるのではなく、幼児期にふさわしいものでなくてはならない。条文で「教育」ではなく「保育」としたのは、幼児期の発達や生活の特性が、保育である「養護」と「教育」の双方を必要とする点にある。小学校以降に比べ幼稚園教育では、保育所保育指針に示される「子どもの生命の保持及び情緒の安定を図るため」に行う、保育者等の「援助や関わり」である養護に関する配慮が必要で、それらを基盤に教育が成立する。また幼稚園教育では「心身の発達を助長」することが目的となる。保育者は幼児に直接知識や技能の習得を求めず、生きる力の基礎の育成を目的に、幼児主体の生活により心身の発達を目指し、その過程を助け成長に導いていく。

　学校教育法第23条には、幼稚園教育の目的を実現するために、5つの目標が挙げられている。これらの同条各号の条文が、幼稚園教育要領における5つの「領域」のそれぞれの「ねらい」に対応している。

2. 幼稚園教育要領と教育の基本

　学校教育法第25条で、教育課程や保育内容に関することは、同法第22

条および第23条にのっとり文部科学大臣が定めるとしており、さらに、学校教育法施行規則第38条では、文部科学大臣が別途公示する幼稚園教育要領に準拠することとしている。教育課程の編成も含め、幼稚園教育を進めていくための基盤となる事項については、幼稚園教育要領によらなければならない。

(1) 幼稚園教育の基本

　幼稚園教育要領には、「環境を通して行う教育」が教育の基本であり、心情・意欲・態度の情意的側面に関するねらいが第一義に挙げられる。知識や技能などの認知的・技能的側面は、情意的側面が培われる過程で副次的に獲得が期待される。

　幼稚園教育は、以降の学びの動機となる情意的側面の育成を目指す。また、教育の方法も、生活での多様な環境との関わりを通し、そこに浸み出す感情や意思に委ねられるため、保育者は幼児の環境への直接的・具体的な働きかけを重視し、内発的動機につながる好奇心や探究心を刺激する必要がある。

(2)「環境」の意味

　「環境」とは、教育的な目的性を持つ特殊な環境を指す。それらは幼稚園の施設・設備、園具や遊具、用具、材料などの物的環境、保育者や仲間などの人的環境、身近な自然・社会事象、雰囲気、時間、空間などの幼児を取り巻く全ての存在のことをいう。

　環境を教育的なものにするには、応答性のある動的存在とする必要がある。環境の多くは、そのままでは有意義なものとはならず、保育者が「あるだけの環境」を「関わりのある環境」に変換することが環境構成の鍵となる。幼児の成長や発達の糧となる環境は、保育者が一方的に構成するのではなく、保育に関する専門的な知識、幼児の生活や遊びの観察に基づき、各時期にふさわしい発達の姿や実態、興味や関心などを把

握して構成される。つまり、そこには保育者と幼児の相互主体の協働が求められ、幼児が環境に応答的・主体的に関わり、成長・発達の糧となるよう環境が再構成されることで教育的環境となる。

第2節　教育課程編成に向けて

　教育を進めていくうえで重視する事項として、幼稚園教育要領（第1章第1）では「幼児期にふさわしい生活の展開」「遊びを通しての総合的な指導」「一人ひとりの発達の特性に応じた指導」の3点を挙げている。

1．幼児期にふさわしい生活の展開

　幼児期にふさわしい生活として、保育者との「信頼関係に支えられた生活」、幼児の「興味や関心に基づいた直接的な体験が得られる生活」、幼児が「友達と十分にかかわって展開する生活」の3つが示されている。
　「信頼関係に支えられた生活」については、次のように考えられる。まず、幼児期は周囲の大人や仲間との信頼関係により自立が進み、やがてその子らしさを発揮して生活するようになる。保育者がそばにおり、困れば支援をいつでも受けることができ、相談や話し相手になってくれ、いつも見守ってくれている。そうした安心感から、幼児は周囲の環境に目を向け、さまざまなことに挑戦する意欲も生じてくる。さらなる発達が、関わる環境の範囲を広げ、それらに主体的に働きかけることで、必要な体験を積み重ねていく。幼児期の他者への依存と自立の関係は、相対するものではなく、依存的な関係を十分に味わいながら、やがて自立していくためのふさわしい生活の過程と言える。
　次に、「興味や関心に基づいた直接的な体験が得られる生活」については次のように考えられる。幼児期の学び方の特徴は、抽象化された知

識を認知することが難しい点にある。また、幼児期には、言葉だけの説明では難しいが、五感を使い実際に試し、直接体験することで分かることが多い。したがって、幼児期には直接的で具体的な体験を積み重ねていくことが求められる。そのためには、幼児が積極的に体験を模索し、取り組もうとする内発的動機の得られやすい環境が必要となる。

「友達と十分にかかわって展開する生活」については次のように考えられる。人間は本来、社会的欲求を持っており、幼児期においても保育者との信頼関係を基に、しだいに人間関係を広げていく。また、多様な発達による生活の広がりが、他者との関わりをさらに拡大・深化させる。仲間との「ヨコの関係」では、志向性や同調性から心理的接点が生じやすく、幼児が主体的に考え行動し、社会的態度を身につけるために必要なものとなる。そうした関係では、個々の利害や思惑の違いからトラブルや葛藤も生じやすいが、社会性を修得するうえでかけがえのない経験となる。さらに、発達が展開することで遊びや活動がダイナミックになり、決まりやルールの必要性も生まれてくる。

協調や共生の喜びを感じさせてくれる仲間関係は、道徳的心情を生じさせ、共に生きることを志向していくための源泉となる。仲間との遊びの中で達成感や充実感、葛藤や挫折感を味わいながら、他者との生活のすばらしさを体験していく。それは将来にわたり、よりよき一己の人間として、社会的存在として、自己実現と共生の心を培う。

2. 遊びを通しての総合的な指導

(1) 保育における遊びの意味

幼児期の生活の多くは遊びである。遊びは、幼児が興味や関心を持って主体的に周囲の環境と応答的に関わり、生み出される活動である。また、保育者の側からは明確なねらいを持ち、幼児の側からは、遊びは手段ではなく、それ自体が目的である。人間は成長や発達により獲得されつつある、あるいは獲得した能力を使用し、試そうとする欲求を持つ。

そのため、幼児の遊びは、発達から生じる興味や関心によりもたらされ、これをより進展させる適時的な活動である。それらが、成長や発達にとって重要であるという遊びの有用性のゆえんである。
　幼児が遊びを通して環境に気づき、自らの方法で関わることは、環境認識のみならず、心身を駆使し、思考や想像力を傾けて行動する良さ、他者と共感・協調して行動する楽しさを学ぶことにつながる。こうした学びが、生涯にわたる生活や学びを支える心情・関心・意欲・態度を形成していく。また、遊びは、幼児がすでに体験したことの再構成だけでなく、体験がそのときどきの思いで合成され、創造的なものへと変化していく。さらに、遊びが当初の体験の繰り返しや模倣から、遊び込むことで過去の複数の思い出と交錯したり、他者が加わったりすることでさらに創造的なものとなる。ほかにも、偶然な発見や出来事が遊びや活動をいっそう発展させ、それまでに獲得された知識や認識が偶然な体験により打ち破られ、新たな発見や出会いの驚きや喜びに気づく瞬間となる。

(2) 総合的な指導となる理由
　幼児期の保育は総合的であり、保育者は幼児の成長や発達、内的な動機に目配せしながら、保育を計画・実施しなければならない。理由は、鬼ごっこをする幼児の様子を思い出してみると理解できる。数人の気の合う仲間から遊びが始まり、やがて仲間入りしたい幼児が集まってくる。そこでは仲間入りを認めるかどうかについて、さまざまなやり取りが行われる。ときには、新参者が遊びのルールを知らない場合もあり、必要により説明などが行われる。その際、コミュニケーション能力や説明内容を考えるなどの認知能力が求められる。いざ鬼ごっこが始まれば、身体・運動能力、不正をしないなどの道徳性、自制し協調するなどの社会的能力など、さまざまな情況に応じた多様な能力が総合的に求められる。
　幼児の生活の多くが遊びであり、遊びが多様な発達に支えられていることから、保育も総合的な発達の視点に配慮し構成される必要がある。

3. 一人ひとりの発達の特性に応じた指導

(1) 保育における発達の捉え方

　保育者が幼児の理解を進める際に、各時期の一般的な発達の姿を基に捉える部分がある。それは発達の過程が大枠で共通していることや、あることを修得するために、より適切な時期があること、また個性化と社会化のための発達課題を明確にする重要な視点となるからである。

　幼児の成長・発達の姿を観察すると、その多様さに驚く。幼少期にはわずかな生まれ月の差や生育歴・生活状況などの違いにより、発達の姿に個人差が生じる。例えば、生育した地域や住環境、家族の状況などである。それらは、幼児の環境の感じ方や関わり方の個人差の要因となり、同じ遊びや活動でも、それらの経験の意味は個々の幼児で異なってくる。

(2) 一人ひとりに応じる保育

　保育のねらいは、一人ひとりの幼児の実態や要求に応じた成長・発達を目指すことである。つまり、その子らしさを基盤にした教育ではあるが、一人ひとりに応じるとは、即座に幼児の思いや要求に言いなりになることではない。あくまでもねらいは、生きる力の基礎となる力を培うことで、幼児の実態や将来的な視点に立った発達課題に即していなければならない。

　生活で生じる問題は、保育者が直接関わることで当面の解決は図られるが、幼児の気づきや試行錯誤、協力して問題解決をする機会などを失わせることがある。見通しや理念のない保育者の関わりは、幼児が経験し、学び合う機会を失わせてしまうことになりかねない。

(3) 一人ひとりを理解するために

　幼児の活動への取り組み方やペースが多様であることから、保育者には一人ひとりの幼児の実態に応じた多様で柔軟な対応が求められる。そ

のためには、幼児の行動あるいは保育者や周囲の人への要求の背景にある動機（「意欲や意志の強さ」なども含めて）、心の情態などの内面を洞察することである。それらを踏まえ、幼児の成長や発達にとって必要な経験について見通しを持つことであるが、行動や要求から幼児の内面を見通すことは容易なことではない。

保育者が幼児の発達の特性や内面を把握するためには、多様な生活場面の詳細な観察とそれらを分析的に捉えた特性の理解、さらにそれらの検証の繰り返しが必要である。そもそも多面性を持つ人間の内面理解は容易でなく、また発達が刻々と進展していくため、遊びや活動などから発達特性を把握することはさらに難しい。そのため、保育者には日常の幼児の様子から内面を読み取るための訓練や、幼児の実態に関する保護者や他者からの情報収集能力の修得なども必要となる。

4.「領域」について

幼稚園教育要領第2章「ねらい及び内容」には、幼稚園教育が何を意図して行われるのかが示されている。そこに示される「ねらい」とは、幼稚園修了までに育つことが期待される生きる力の基礎となる心情・意欲・態度である。また、「内容」は、「ねらい」を達成するために指導される事項である。これらを「領域」として発達の側面から、心身の健康に関する領域を「健康」、人との関わりに関する領域を「人間関係」、身近な環境との関わりに関する領域を「環境」、言葉の獲得に関する領域を「言葉」、感性と表現に関する領域を「表現」とした。

幼児の成長は、多様な側面の発達が複雑に絡み合い、相互に関連し合って成し遂げられる。そのため、各領域の「ねらい」は、園生活全体を通して、遊びなどのさまざまな生活場面で達成に向かうよう総合的に指導される。例えば、「健康」領域のねらいは心身の健康に関するものであるが、単に戸内外での体を使った遊びをするだけで養われるものではない。「健康な心と体を育て」「健康で安全な生活」を創り出すには、

人と支え合い、関わって生活する力(「人間関係」)や周囲の環境と関わり生活に取り入れて行く力(「環境」)、経験したことや考えたことなどを言葉で表現する力(「言葉」)などが合わさることで遊びや活動は成立し、さらに活発に展開されることで心身の健康も促されていく。

　小学校以降では教科学習が中心で、教科や単元ごとの知識や技能の修得が第一義にされ、学習内容も緻密に系統化されている。しかし、幼稚園教育では心情・意欲・態度などの育成を目標に、知識や技術などの修得は副次的なものとされ、保育のねらいも緩やかな方向性を表すものである。それらは遊びや生活の中で時間をかけて、個々の実態に合わせて育まれるように捉えられる。こうした、領域を基盤にした保育のあり方は、幼児期の発達特性に基づく総合的な保育に連動するものである。

第3節　幼稚園の教育課程編成の基本と留意点

　教育課程の編成については、幼稚園教育要領第1章第2「教育課程の編成」に、基本的な考え方が示されている。

1. 教育課程の意義と編成上の留意点

　幼稚園では、幼稚園教育の目的や目標を目指し、幼児それぞれの実態から発達を見通し、それらが獲得されるよう、情況に合わせて各時期にふさわしい教育内容や方法を明らかにし、計画的に指導を行うことが求められる。そのため、幼稚園では教育期間の全体を通して「幼稚園教育の目的・目標に向かってどのような道筋をたどって教育を進めていくかを明らかにし、幼児の充実した生活を展開できるような全体計画を示す教育課程を編成」([文部科学省、2008])する。こうして編成された教育課程は、具体的な指導計画立案の際の骨格となる。

教育課程編成において留意することは、「編成の原則」を踏まえ「ねらいと内容を組織すること」や「幼児期の発達の特性を踏まえること」、「入園から修了に至るまでの長期的な視点を持つこと」である。

　教育課程の編成に当たっては、まず幼児の発達の道筋を捉え、各領域に示される「ねらい」や「内容」に関して、幼児の発達に有意な各時期に展開されるべき生活を具体化して設定する。それらは、自我の芽生えから自己表出を中心とした生活へ、さらに自己を発揮しながら他者を意識し、競い合い、思いやり、協調し、自己を抑制・調整しながら集団での生活を営むようになる、といった一連の発達の特性を十分に踏まえて行う。さらに、教育課程が園生活の全期間で展開する指導計画の基盤となることから、「幼児の幼稚園生活への適応状態」や「興味や関心の傾向」、「季節などの周囲の状況の変化」に配慮し、長期的視野を持って編成する。

2. 教育課程編成の手順

　教育課程は園生活全体を範囲とし、指導計画の基盤であり、教職員全員が連携して指導する際の基盤となることから、公教育・学校教育としての根拠が明確で、短・長期の指導計画につながり、教職員に理解・周知されるものでなくてはならない。

　教育課程編成の手順を**図表1**を基に説明すると、まず編成の基盤となる児童の権利に関する条例や児童憲章、憲法、教育関係法令等、園や地域社会、家庭の実態、幼児の発達などの実態、子どもを取り巻く社会状況、社会的要請、保護者の願いなどについて理解を図る。次に、建学の精神や教育の課題、求めていく幼児像などの教育観につながる事項を明確にし、教育方針や教育目標に関して共通理解を深める。さらに、幼稚園生活を見通し、各期ごとの発達過程や生活の姿に見られる発達の節目などを長期的に見通し、教育目標達成の過程をおおむね予測する。そうしたうえで、発達の各期にふさわしい生活が園生活全体で展開され、各領域に示されるねらいが総合的に達成されるよう、発達過程や生活経験

図表1　具体的な編成の手順の例

①編成に必要な基礎的事項についての理解を図る。 ・関係法令、幼稚園教育要領、幼稚園教育要領解説などの内容について共通理解を図る。 ・自我の発達の基礎が形成される幼児期の発達、幼児期から児童期への発達についての共通理解を図る。 ・幼稚園や地域の実態、幼児の発達の実情などを把握する。 ・社会の要請や保護者の願いなどを把握する。
②各幼稚園の教育目標に関する共通理解を図る。 ・現在の教育が果たさなければならない課題や期待する幼児像などを明確にして教育目標についての理解を深める。
③幼児の発達の過程を見通す。 ・幼稚園生活の全体を通して、幼児がどのような発達をするのか、どの時期にどのような生活が展開されるのかなどの発達の節目を探り、長期的に発達を見通す。 ・幼児の発達の過程に応じて教育目標がどのように達成されていくかについて、およその予測をする。
④具体的なねらいと内容を組織する。 ・幼児の発達の各時期にふさわしい生活が展開されるように適切なねらいと内容を設定する。その際、生活経験や発達過程などを考慮して、幼稚園生活全体を通して、幼稚園教育要領の第2章に示す事項が総合的に指導・達成されるようにする。
⑤教育課程を実施した結果を反省、評価し、次の編成に生かす。

出典：[文部科学省、2008] を基に作成

に考慮して適切なねらいと内容を設定する。そして、教育課程を実施した後には、定期的あるいは必要な時期に、その結果を反省・評価し、次の編成に生かしていくのである。

　毎学年の教育課程に係る教育週数は、台風や地震等の非常変災、急迫の事情、伝染病流行等の特別の事情を除き、39週を下ってはならず、1日の教育時間は、幼児の実態や家庭・地域生活の重要性から4時間を標準としている。しかし、幼児の年齢や教育経験、季節、地域性、保育ニーズの多様化等への配慮も必要となるため、各幼稚園で弾力的な対応が求められる。そうした中で、「教育課程に係る教育時間の終了後等に行う教育活動」についても、幼稚園教育の目的に沿った適切な活動として、十分な配慮のもとに幼児の生活が豊かなものとなるよう、家庭や地域への教育支援に努めなければならない。

3. 教育課程と指導計画の関係と評価の構造

　教育課程が幼稚園生活の大綱であり、これを受けて保育を実践する際の計画が指導計画である。指導計画は、長期指導計画（年間・期・月）と短期指導計画（週・日・時間）とに大別される。**図表2**には、それぞれの関係と評価・反省のフィードバック過程を示した。

　その過程は、教育課程を基に、子どもの成長や発達の姿、それまでに蓄積された記録、大まかな子どもの実態などを踏まえ、まず長期指導計画が作成される。次に、それを基に、個々の子どもの実態や環境に配慮し、具体的で実践的な短期指導計画が作成される。短期の指導計画により実施された保育は、子どもの活動実態から反省・評価され、次の指導計画作成の基盤となる。長期指導計画の期間における「短期指導計画作成→実施→反省・評価→短期指導計画作成……」の繰り返しが、長期指導計画の反省・評価につなげられる。長期指導計画の反省・評価は、さ

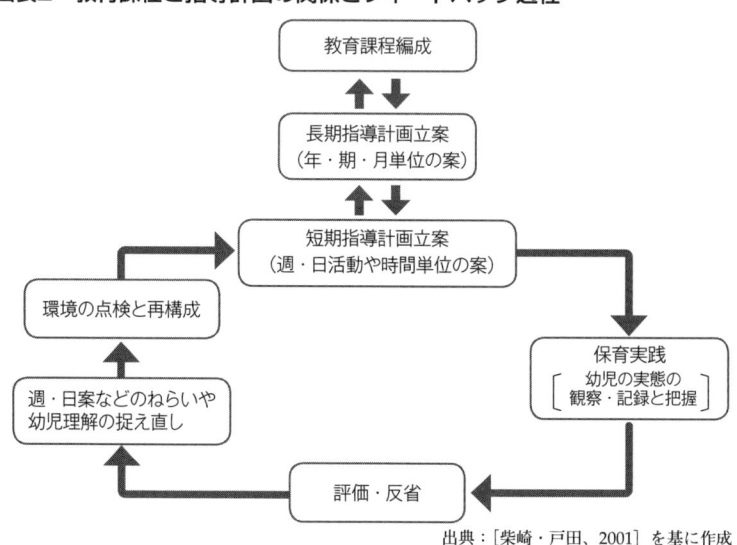

図表2　教育課程と指導計画の関係とフィードバック過程

```
           教育課程編成
                ↕
           長期指導計画立案
          （年・期・月単位の案）
                ↕
    → 短期指導計画立案 ─────┐
    │ （週・日活動や時間単位の案）│
    │                           ↓
環境の点検と再構成         保育実践
    ↑                  ［幼児の実態の
週・日案などのねらいや    観察・記録と把握］
幼児理解の捉え直し            │
    ↑                          ↓
    └────── 評価・反省 ←───────┘
```

出典：［柴崎・戸田、2001］を基に作成

らに次の長期指導計画作成に反映され、それらが短期指導計画へと循環的に還元される。定期的に、あるいは必要に応じて、短・長期指導計画の反省・評価の繰り返しを、教育目標や教育課程の反省・評価へとフィードバックさせていく。

教育課程の編成や指導計画の立案は、反省・評価と循環的に一体化しており、構造の要には「子どもの実態」がある。さらに必要に応じて、評価は保護者や家庭、地域などの実態、幼稚園教育要領の観点も含め、繰り返し実施されなければならない。「P（Plan）D（Do）C（Check）A（Action）サイクル」により計画、実施、評価、改善を循環して行うことで、保育の質の担保と向上が図られる。

4. 教育課程の評価

教育課程が大綱的・概観的な計画であることから、時々に変更されることは少ない。しかし、教育課程が教育の目的を踏まえ、子どもの成長や発達にふさわしい生活や保育が展開される基盤となっているかを定期的に評価・改善する必要がある。これらについては「幼稚園設置基準」（第2条の2）で、点検および評価、それらの結果公表を謳っている。ここに示される評価の次元は、保育の当事者である保育者による内部評価と、客観的な評価を目指した第三者による外部評価によるものである。

(1) 学校評価における教育課程の評価

教育課程の評価は、指導計画との関係で行われる反省・評価のほかに、「学校評価」がある。これらは、幼稚園設置基準のみならず学校教育法、学校教育法施行規則等において、園の運営状況に関する自己評価と公表、「学校関係者評価」の実施と公表、それらの設置者への報告を規定している。これらについて文部科学省は、「幼稚園における学校評価ガイドライン」を作成し、これを参考に各幼稚園の実態に合わせて重点目標を設定し、達成のための具体的取り組みを評価項目として定め、その達成

状況把握のための指標を示すよう求めた。これらの制度により、客観的で透明性の高い体制と内容による評価が進んでいる。

(2) 教育課程の改善

多様な方法で実施される教育課程の評価であるが、それらは具体的に教育課程や指導計画の改善につながってこそ意味を持つ。

改善の方法は、園の実態に合わせ、創意工夫により実施されなければならない。基本的には、評価のための資料を収集・整理し、そこから問題点を抽出し、原因と背景を明らかにする。それらを基に改善案を作り、実施するという手順で進められる。修正や改善は、比較的短期間で実施できるものから長期間に及ぶものもあるし、教職員だけでできるものから家庭や地域、場合によっては専門家の協力を得なければならないものと多様である。骨の折れる作業となるため、見通しを持ち計画的に進めなければならないことも多い。しかし、子どもの成長や発達にとって、質の高い保育を行うためには、絶え間ない評価の実施と教育課程の見直し、教員研修へとつなげていく努力が必要となる。

【引用・参考文献】

上野恭裕編著『実践的保育原理――保育士養成課程テキスト』三晃書房、2012年

厚生労働省『保育所保育指針解説書』フレーベル館、2008年

柴崎正行・戸田雅美編『教育課程・保育計画総論』（新・保育講座）ミネルヴァ書房、2001年

原田碩三・松本和美・日坂歩都恵・三宅茂夫『保育の原理と実践』みらい、2004年

三宅茂夫編『新・保育原理――すばらしき保育の世界へ』みらい、2009年

文部科学省『幼稚園教育要領解説』フレーベル館、2008年

第4章

指導計画の基本と作成

髙橋多恵子

第1節　長期指導計画と短期指導計画

　指導計画には、長期指導計画と短期指導計画の2種類がある。長期の指導計画は、それぞれの幼稚園・保育所の教育課程や保育課程に沿って、子どもの生活を長期的に見通しながら、具体的な指導の順序や方法を大まかに捉えたものであり、また、短期指導計画は、長期指導計画をより具体的に、実践しやすくしたものである（**図表1**）。

1. 長期の指導計画の種類

　長期の指導計画としては、4月から翌年の3月までの1年間の園生活を見通した「年間指導計画」、年間指導計画を具体化するために、1年を3〜5つの期間に分けて、数カ月先の園生活を見通した「期間指導計画」、1カ月の園生活を見通した「月間指導計画（月案）」がある。

　①年間指導計画

　各園の保育課程・教育課程を実施する際にまず必要となる計画である。1年間の目標を掲げ、それぞれの時期のねらいや指導内容を前年度の反省や評価を生かしながら作成されるものである（**図表2**）。

　②期間指導計画

　1年間を子どもの発達の節になる時期ごとに、3〜5つに分け、それぞれの時期での目標や、予想される子どもの姿と育てたい方向を示す計画である。

　③月間指導計画

　年間・期間指導計画をより具体的に示したもので、1カ月ごとの計画である。行事や通常の園内での遊びとの連携なども、より具体的に考慮される計画である。

図表1　指導計画の種類

長期指導計画	年間指導計画	1年間の保育を見通した指導計画
	期間指導計画	2、3カ月先を見通した指導計画
	月案	1カ月を見通した指導計画
短期指導計画	週案	1週間を見通した指導計画
	日案	1日を見通した指導計画
	週日案	週案と日案を合わせて作成した計画

(筆者作成)

2. 短期の指導計画の種類

短期の指導計画としては、月案を基に1週間ごとの計画を立てる「週間指導計画（週案）」と、週案を基に1日の子どもの姿を具体的にイメージする「日案」、週案と日案を合わせた「週日案」がある。

①週案

1週間ごとの指導計画であり、月案を基に作成される。月案よりさらに「ねらい」「内容」「環境・援助」を具体的に示すものである。前の週の子どもの姿や、実践の反省・評価を基に作成されるものである。

②日案

日案は週案を基に、1日の子どもの姿を具体的にイメージして作成されるものである。環境構成や、必要な遊具・用具、保育者の関わりなどが細かく示されている。

第2節　指導計画作成の手順と留意点

指導計画は、教育課程や保育課程の目標を具体的にした視点から、子どもが主体的に環境に関わり、園生活を楽しみ、よりよく成長していくためには、「どの時期に」「どのような活動を」「どのようにして行ったらよいか」ということを明らかにする指導の計画である。保育がその場

図表2　年間指導計画の例

		4月	5月	6月	7月	8月
ねらい		I期：園生活のリズムや遊びのペースを取り戻し安定する時期 ○新しい環境に慣れ、いろいろな友達との遊びを楽しむ。 ○年長児としての喜びやがんばろうとする気持ちを持ち、意欲的に活動する。 ○春の自然に親しみ、戸外で遊ぶことを楽しむ。		II期：友達との遊びの中で気持ちを出し合って活動する時期 ○いろいろな友達といっしょに遊び、喜びや楽しさを共有する。 ○身近な動植物に触れたり、世話をしたりしながら、いろいろなことに気づき、親しみの気持ちを持つ。		
内容	健康	・喜んで戸外へ出てのびのびと遊ぶ。 ・新しい生活の仕方を知り、使いやすいように生活の場を整えようとする。		・いろいろな活動に興味を持ち、楽しんで取り組む。 ・プールに入って歩いたり、遊んだりしながら水に慣れる。 ・自分の体に関心を持ち、健康に必要な活動を進んで行う。		
	人間関係	・好きな遊びをしたり、好きな友達といっしょに過ごしたりする。 ・年長組になったことを喜び、年少・年中児のことを考えながらいっしょに遊んだり行事に参加したりする。	・いろいろな友達と好きな遊びを十分にする。	・友達と楽しく生活するためのきまりの大切さに気づき、守ろうとする。	・友達といっしょに遊びの中でイメージを膨らませ、喜びや楽しさを共感し合う。	
	環境		・春の自然に触れ、身近な草花を使って遊ぶ。 ・虫をつかまえたり草花を摘んだりする。 ・身近な自然物と関わって遊んだり、栽培物の世話をしながら変化に気づいたり、収穫の喜びを味わったりする。 ・水や土・砂などを使った遊びに進んで取り組み、友達といっしょに試したり、考えたり、工夫したりする。			
	言語	・自分の気持ちや要求を先生や友達に言葉で伝えようとする。			・したこと、見たこと、感じたことなどを自分なりの言葉で伝えようとする。	
	表現	・描いたり、作ったりすることを楽しみ、遊びに使ったり飾ったりする。 ・いろいろな歌を歌ったり、リズムに乗って体を動かしたりすることを楽しむ。		・自分なりのイメージを広げ、描いたり作ったりする。 ・絵本やお話に親しみ、自分のイメージを膨らませて遊ぶ。		
行事		始業式 入園式 子どもの日お祝い会＆誕生会	避難訓練 保育参観 誕生会	交通安全教室 避難訓練 誕生会 水遊び	七夕＆誕生会 休み前集会 夏季休業	夏季休業 夏休み明け集会 スクールコンサート 誕生会

9月	10月	11月	12月	1月	2月	3月
Ⅲ期：自分の力を試し、意欲的に活動しようとする時期		Ⅳ期：グループの中で自己発揮していこうとする時期		Ⅴ期：クラス全体の課題に取り組み、その中で自己発揮しようとする時期		
○いろいろな遊びの中で自分なりの力を発揮する。 ○体を十分に動かし、意欲的に運動遊びに取り組む。 ○秋の自然物を積極的に遊びに取り入れながら、自然の様子や季節の移り変わりに関心を持つ。		○自分なりの力を発揮しながら仲間といっしょに遊びを進めていく。		○友達と共通の目的を持って、積極的に活動に取り組む。 ○1年生になるという自覚と喜びを持ち、園生活を十分に楽しむ。 ○季節的な遊びや行事を通して冬の自然や生活環境の変化に関心を持つ。		
	・いろいろな活動に意欲的に取り組み、力いっぱい活動する。 ・自分なりの目当てを持って、いろいろなことに挑戦する。 ・いろいろな運動遊具や用具で体を動かして遊ぶ。			・自分たちの生活の場を大切にし、進んで整理しようとする。		
	・友達といっしょに遊びや仕事を楽しく進める。 ・ルールのある遊びに意欲的に参加し、いろいろな友達と楽しく遊ぶ。 ・自分の思ったことを相手に伝えながら、友達の考えもよく聞こうとする。		・グループの友達といっしょに遊びや仕事を進める楽しさを味わう。 ・遊び方やルールを考えたり話し合ったりしながら、仲間と遊びを進める。	・クラスやグループの中で役割を受け持ち、協力し合って遊びや仕事を進める。 ・自分の生活に関わりのある人に親しみを深め、感謝の気持ちを持つ。 ・友達といっしょにいろいろな活動に意欲的に取り組む充実感を味わう。 ・相手の気持ちを考え、言ってはいけないことや、してはいけないことに気をつけて行動する。		
	・季節の変化に気づき、さまざまな自然物を使った遊びを楽しむ。		・冬の自然や行事に関心を持ち、積極的に雪遊びをし、季節感を味わう。 ・身の回りのいろいろな物を使い、考えたり、試したりしながら遊ぶ。			
		・生活の中で、リズミカルな言葉や美しい言葉の響きに触れ、楽しんで使う。				
		・いろいろな材料・用具を使って、自分のイメージしたものを工夫して作る。 ・感じたことや考えたことを、音や動きでのびのびと表現する。		・音楽に親しみ、音やリズムに乗って楽しく演奏する。 ・自分のイメージを動きや言葉などで表現し、演じて遊ぶ楽しさを味わう。		
公開研 教育実習 避難訓練 小遠足 誕生会 学校生活体験実習	運動会 前期終業式 後期始業式 バス遠足 誕生会 避難訓練	誕生会	発表会 誕生会 クリスマス会 冬休み前集会 冬季休業	冬季休業 冬休み明け集会 もちつき＆誕生会	豆まき 避難訓練 誕生会 保育参観・懇談会	ひな祭り＆誕生会 お別れ会 卒業式 修了式

出典：「弘前大学教育学部附属幼稚園平成21年度公開研究会要項」（2009年9月）を基に作成

しのぎにならないように、子どもの興味や関心、生活や遊びへの取り組み、保育者や友達との関わりなどの視点から子どもの発達を理解したうえで、「いま、目の前にいる子どもにはどのような経験、気づきが必要なのか」ということから、一人ひとりの子どもにふさわしい経験や体験を考え、子どもの発達の時期や年齢に即して指導計画が立てられることが必要である。

1．指導計画の作成

指導計画の作成について、保育所保育指針と幼稚園教育要領では次のように規定している。

〈保育所保育指針第4章1（2）〉
ア　指導計画の作成
　指導計画の作成に当たっては、次の事項に留意しなければならない。
（ア）保育課程に基づき、子どもの生活や発達を見通した長期的な指導計画と、それに関連しながら、より具体的な子どもの日々の生活に即した短期的な指導計画を作成して、保育が適切に展開されるようにすること。
（イ）子ども一人一人の発達過程や状況を十分に踏まえること。
（ウ）保育所の生活における子どもの発達過程を見通し、生活の連続性、季節の変化などを考慮し、子どもの実態に即した具体的なねらい及び内容を設定すること。
（エ）具体的なねらいが達成されるよう、子どもの生活する姿や発想を大切にして適切な環境を構成し、子どもが主体的に活動できるようにすること。

〈幼稚園教育要領第3章〉
第1　指導計画の作成に当たっての留意事項
　幼稚園教育は、幼児が自ら意欲をもって環境とかかわることによりつくり出される具体的な活動を通して、その目標の達成を図るものである。

幼稚園においてはこのことを踏まえ、幼児期にふさわしい生活が展開され、適切な指導が行われるよう、次の事項に留意して調和のとれた組織的、発展的な指導計画を作成し、幼児の活動に沿った柔軟な指導を行わなければならない。

1 一般的な留意事項

(1) 指導計画は、幼児の発達に即して一人一人の幼児が幼児にふさわしい生活を展開し、必要な体験を得られるようにするために、具体的に作成すること。

(2) 指導計画の作成に当たっては、次に示すところにより、具体的なねらい及び内容を明確に設定し、適切な環境を構成することなどにより活動が選択・展開されるようにすること。

ア 具体的なねらい及び内容は、幼稚園生活における幼児の発達の過程を見通し、幼児の生活の連続性、季節の変化などを考慮して、幼児の興味や関心、発達の実情などに応じて設定すること。

イ 環境は、具体的なねらいを達成するために適切なものとなるように構成し、幼児が自らその環境にかかわることにより様々な活動を展開しつつ、必要な体験を得られるようにすること。その際、幼児の生活する姿や発想を大切にし、常にその環境が適切なものとなるようにすること。

ウ 幼児の行う具体的な活動は、生活の流れの中で様々に変化するものであることに留意し、幼児が望ましい方向に向かって自ら活動を展開していくことができるよう必要な援助をすること。その際、幼児の実態及び幼児を取り巻く状況の変化などに即して指導の過程についての反省や評価を適切に行い、常に指導計画の最善を図ること。

2. 指導計画の作成手順

(1) 子どもの実態把握

指導計画を作成する際に大切なことは、「子どもについて理解するこ

図表3　指導計画作成の流れ

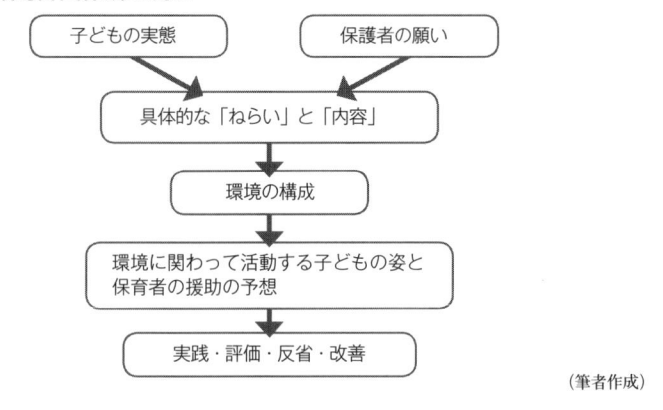

```
┌──────────────┐      ┌──────────────┐
│  子どもの実態  │      │  保護者の願い  │
└──────┬───────┘      └───────┬──────┘
       │                      │
       └──────────┬───────────┘
                  ▼
       ┌──────────────────────┐
       │ 具体的な「ねらい」と「内容」│
       └──────────┬───────────┘
                  ▼
            ┌──────────┐
            │ 環境の構成 │
            └─────┬────┘
                  ▼
       ┌──────────────────────┐
       │ 環境に関わって活動する子どもの姿と│
       │ 保育者の援助の予想         │
       └──────────┬───────────┘
                  ▼
       ┌──────────────────────┐
       │ 実践・評価・反省・改善    │
       └──────────────────────┘
```

(筆者作成)

と」からスタートすることである。子どもたちがどのような家庭で育ってきたのか、今どのような発達の状態なのか、今までにどのような経験や体験を積み重ねているのか、何に興味・関心があるのか、生活や遊びへの取り組みはどうなのか、保育者や友達とどのように関わっているのか、などということから一人ひとりの子どもを理解していくのである。発達心理学や乳幼児心理学といった学問的見地から、平均的で一般的な子どもの姿を学び、それに基づいて子どもを理解していくことだけではなく、クラスや集団の中で子どもの姿を個別的に捉えて、そこでの生活の仕方に見られる子どもの姿を理解していくことが大切である。その子ども理解を基に、子どもたちにどのような体験・経験をしてほしいのか、どのようなことに気づいてほしいのか、どのようなことを感じてほしいのかという保育者の願いを考えていくのである（**図表3**）。

(2)「ねらい」と「内容」の明確化

「ねらい」とは、入園してから卒園するまでの期間を通して身につけていくことが望まれる「心情・意欲・態度」のことである。保育所保育指針および幼稚園教育要領の中の5領域（健康・人間関係・環境・言葉・表現）には、保育・教育の目標とされる15のねらいがある。保育所・幼

稚園とも同じであり、ねらいの全てはこの15の文章に集約される。
　「内容」は、子どもたちがそのねらいを身につけていくためには、どのような経験を積み重ねていけばよいのかを書いていく。具体的な活動はもちろんのこと、活動を通して体験される達成感や満足感、充実感などどのような内面的なことも含まれている。

(3) 環境の構成

　環境の構成とは、「ねらい」や「内容」を明らかにした後に、そのねらいを達成するために、どのような環境を準備していくかということである。子どもたちは自分たちの身の回りにある環境に関わることを通して発達し、成長していく。保育を展開していくに際して構成される環境には「安全で安心できる環境」「発達に応じた環境」「子どもの興味や欲求に応じた環境」「課題性を持つ環境」などがある。保育者は、それぞれの環境を組み合わせ、子どもが自分から関わっていきたくなるような環境を構成していくのである。保育者が子どもに何かをさせるのではなく、あくまで子どもが自分ですることが基本である。自分が立てた「ねらい」や「内容」に沿って、どのような環境を構成したのかが分かるように書く必要があり、決して準備物の羅列にはならないようにしたい。

(4) 子どもの姿と保育者の援助の予想

　子どもたちが保育者の設定した環境と出合うとき、その反応はさまざまである。自分の目の前にいる子どもたちの姿から、その反応やどのように活動を展開していくかをさまざまな角度からイメージし、予想していくので、ここでは子ども理解が重要になってくる。
　次に、保育者の援助についてであるが、ここは、子どもへの理解や保育者の保育や子どもに対する姿勢が表れる部分である。主体は子どもであり、自分の設定したねらいについて、子どもが自分でそうなるには、どのような方法があるのか、何が必要なのかを考えていく必要がある。

子どもたちが活動に関心を持つようにどのような言葉かけや用具が必要か、友達と楽しく遊べるようにどのような援助が必要かなどを具体的に考えていくのである。その際、保育者の直接的な指示によって「教える」のではなく、子どもが「自分から行った、気づいた」と感じるような働きかけが大切であることを念頭に置いておきたい。

3. 指導計画案作成上の留意点

次に、長期の指導計画についての留意点をそれぞれまとめる。

①年間指導計画

年間の指導計画は、その園の保育課程・教育課程に基づいて、1年間の園生活を見通して、具体的に立てられる。その際、園の実態（保育・教育目標、施設設備、クラスの構成、保育者の構成など）や行事などの位置づけ、季節の変化である四季などについて配慮し、子どもの興味・関心など、子どもの実態を把握することが大切である（**図表2**）。

②月案

年間の指導計画に基づきながら、月を単位として1カ月の生活を見通した具体的な計画を立てる（**図表4**）。月案を作成する場合は、前月の子どもの姿を基に、季節から捉えたその月の様子や行事、子どもの成長の姿、クラスの友達との関わりなどを含めた生活の変化などを考慮しながら立てることが大切である。

③週案

週案は月案に基づいて、子どもの生活の連続性を考慮しながら1週間の生活を見通し、活動を具体化したものである。週案はかなり具体的で実践的なものとなるように作成していく。

④日案

子どもたちが朝、登園してから降園するまでの一日を楽しく充実したものになるように、子どもの活動を予想しながら、環境を構成し、指導・援助の方法を考えながら作成する。保育をどのように展開するのか、

図表4　月案の立て方

年　　月　　組		担任	
組（　　歳児）：男児　　名、女児　　名、計　　名			
＜前月の子どもの様子＞ 前月の子どもの様子を捉える。一人ひとりの様子とクラス全体の様子を見て、よく見られる姿や共通に見られる姿を示す。			
＜ねらい＞ 発達の見通しと前月の子どもの姿を基に、子どもたちに育ちつつあること、育てたいことをねらいとして設定する。			
内容	予想される子どもの活動・環境の構成	指導・援助の留意点	
「ねらい」を身につけるためにどのような経験が必要なのかを考え、具体的な活動を考える。	**環境構成と保育者の援助** 自然な生活の流れの中で、子どもが経験する「内容」に関して適切な環境を示す。具体的であることと、子どもの興味を引き出す工夫が求められる。		

(筆者作成)

子どもの生活の時間を見通して細かく考え、最も具体的な指導計画になるように作成していく。

　自分の計画したとおりに子どもが活動するとは限らない。子どもの姿をよく見て、いつでも子どもの姿に合わせて計画を修正していける柔軟さも保育者には必要である。

第3節　さまざまな書式

　指導計画の作成形式は、定型のものがあるわけではない。それぞれの保育所・幼稚園で共通にしているところもあるが、基本的には保育者の責任と工夫で作成されるものである。
　図表5では、ねらいと内容に基づき、子どもの活動を一日の生活の流れに沿って具体的に示しており、子どもの活動とそれに対する保育者の

図表5　日案の書式例1

ねらい	○作り方や手順を理解し、ドングリクッキーづくりをすることを楽しむ ○友達と役割を決め、分担したり、協力したりしながらクッキー作りを進めていく。
指導内容	○クッキー作りの手順や作り方が分かり、友達といっしょに作ることを楽しむ。 ○友達と役割を決め、分担したり協力したりしてクッキー作りをして、食べることを楽しむ。 ○年下の友達にクッキーをプレゼントし、年長組としての喜びを感じる。

環境を構成するポイント	予想される幼児の活動	保育者の援助
○事前にドングリ拾いをしたり、調べたりする。 ○食べられるもの・食べられないものに分けて準備を子どもといっしょにして、クッキー作りを楽しみにできるようにする。 ○クッキー作りに必要な道具や材料をそろえておく。 【道具】ボール、フライパン、カセットコンロ、オーブントースター　など 【材料】小麦粉、卵、バター、砂糖、スダジイ、マテバシイ ○クッキーの作り方、手順を分かりやすく表にして貼っておく。 【作り方】 ①水につけて浮いたものは捨てる。あらかじめ煮て、アクと煮汁を捨てたスダジイとマテバシイをフライパンで炒り、殻を割って中身を取り出す。 ②ボールでバターと砂糖を混ぜ、割りほぐした卵を入れて混ぜる。 ③袋入りの小麦粉の袋の中に、②を入れてよく混ぜ、そこにドングリを砕いて入れて混ぜる。 ④アルミホイルに生地を伸ばし、形を整えオーブントースターで焼く（様子を見ながら10～20分）。	○順次登園する ・挨拶をし、持ち物の始末をする。 ○ドングリクッキー作りをする。 ○手洗い・身支度などをして集まる。 ・作り方の手順を知る。 ・グループに分かれて、グループ内で役割分担する。 　・ドングリを炒り、殻を割って実を取り出す役 　・クッキーの生地を混ぜて練る係 ・手順・安全を確認しながらクッキーを作る。 ・クッキーを年下のクラスにプレゼントする。 ○手洗い・うがいをする。 ○食事の用意もする。 ○食事をし、休息を取る。保育園では午睡をし、おやつを食べる。 ○好きな遊びをする。 　・室内…ドングリゲーム 　・戸外…縄跳び、ドッジボール　など ○降園準備をし、帰りの会をする。 ○降園する。	○一人ひとりと笑顔で挨拶をして迎え、子どもの状態を把握する。 ○準備をしながら、ドングリクッキー作りに期待を持って取り組めるようにする。 ○グループの友達と相談して、役割分担をしている姿を見守り、必要に応じて助言する。 ○役割を分担して自分たちなりに作業を進めている姿を認めるとともに、どの子どもも活動できているか見届ける。 ○必要な材料や道具を出し入れし、子どもたちが自分たちで作業を進めやすいようにしていく。 ○火を使うので安全には十分に留意する。 ○年下の友達に自分たちで一生懸命作ったクッキーをプレゼントして喜ばれることで、年長組としての喜びにつなげる。 ○みんなで作ったクッキーをいっしょに食べることで、よりいっそう喜びを感じられるよう、会場作り・言葉かけなどを丁寧にする。 ○友達と言い合ったり相談したりしながら遊んでいる姿を見守る。遊びを探している子どもには積極的に遊びに誘いかけ、いっしょに遊ぶ楽しさを感じられるようにしていく。 ○クッキー作りについて感じたことなどを自分の言葉で保護者にも伝えられるように話す。

出典：『月刊　保育とカリキュラム』ひかりのくに、2011年11月号を基に作成

図表6 日案の書式例2

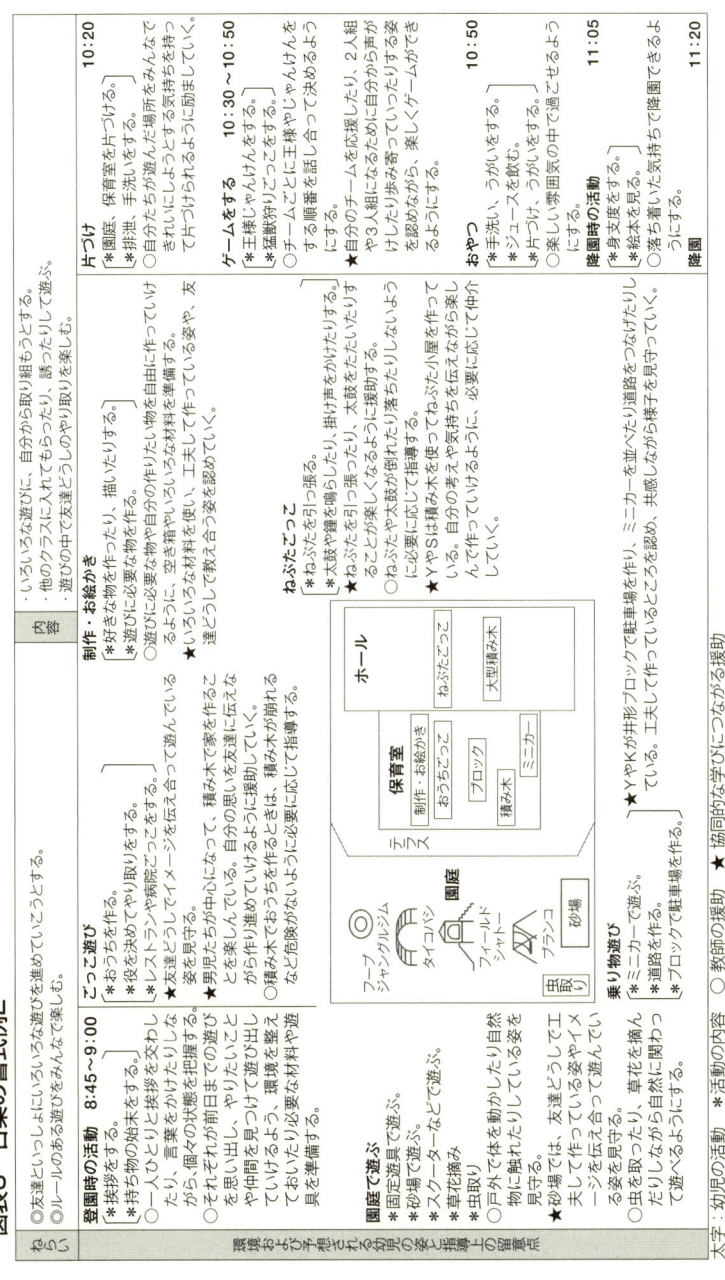

ねらい	○友達といっしょにいろいろな遊びを進めていこうとする。 ○ルールのある遊びをみんなで楽しむ。	○先生や友達と挨拶を交わし、自分から取り組もうとする。 ・他のクラスに入れてもらったり、誘ったりする。 ・遊びの中で友達どうしのやり取りを楽しむ。

時間	環境の構成	予想される幼児の活動	指導上の留意点

登園時の活動 8:45〜9:00
＊挨拶をする。
＊持ち物の始末をする。
○一人ひとりと挨拶を交わしたり、言葉をかけたりしながら、個々の状態を把握する。
○それぞれが前日までの遊びを思い出し、やりたいことや仲間を見つけて遊びだしていけるよう、環境を整え必要な材料や遊具を準備する。

園庭で遊ぶ
＊固定遊具で遊ぶ。
＊砂場で遊ぶ。
＊スクーターなどで遊ぶ。
＊草花を摘む。
＊虫取り。
○戸外では体を動かしたり自然物に触れたりして遊んでいる姿を見守る。
○砂場では、砂を取ったり、草花を摘んだり、虫をとったりして、友達どうしで作っている姿やイメージを伝え合っている姿を認め、自然に関わりだしながら自然と関わって遊んでいる姿を見守ったりする。

乗り物遊び
＊ミニカーで遊ぶ。
＊道路を作って遊ぶ。
＊ブロックで駐車場を作る。

（園庭配置図：フープ、ジャングルジム、タイヤバン、フィールドシャトー、ブランコ、虫取り、砂場）

（保育室配置図：制作・お絵かき、おうちごっこ、ブロック、積み木、ミニカー）

（ホール：ねぶたごっこ、大型積み木）

ごっこ遊び
＊おうちを作る。
＊役を決めてやり取りをする。
＊レストランや病院ごっこをする。
＊友達どうしでイメージを伝え合って遊んでいる姿を見守る。
★男児たちが中心になって、積み木の思いを伝える家を作ることを楽しんでいる。自分たちが作り進めていけるように援助していく。積み木が崩れながら作り進めていけるときは、積み木をくずれないように危険がないように必要に応じて指導する。

制作・お絵かき
＊好きな物を作ったり、描いたりする。
○遊びに必要な物や自分のイメージする物を自由に作れるように、空き箱やいろいろな材料を準備する。
○いろいろな材料を使い、工夫して作っている姿や、友達どうしで教え合う姿を認める。

ねぶたごっこ
＊ねぶたを引っ張る。
＊太鼓をたたいたりする。
○ねぶたや太鼓を鳴らしたり、掛け声をかけたりすることが楽しくなるように援助する。
○ねぶたや太鼓が倒れたり落ちたりしないように必要に応じて指導する。
★Yやsは横のみんなでねぶたや小屋を作って楽しんでいる。自分の考えや気持ちを伝えることが楽しんでいけるように、必要に応じて仲介していく。

10:20 片づけ
＊園庭、保育室を片づける。
＊排泄、手洗いをする。
○自分たちが遊んだ場所をみんなできれいにしようとする気持ちを持って片づけられるように励ましていく。

ゲームをする 10:30〜10:50
＊王様じゃんけんをする。
＊猛獣狩りごっこをする。
★自分のチームを応援したり、2人組や3人組になるために自分から声をかけたり歩み寄っていたりする姿を認めながら、楽しくゲームができるようにする。
○チームごとに王様じゃんけんをする順番を話し合って決めるようにする。

10:50 おやつ
＊手洗い、うがいをする。
＊ジュースを飲む。
＊片づけ、うがいをする。
○楽しい雰囲気の中で過ごせるようにする。

11:05 降園時の活動
＊身支度をする。
＊絵本を見る。
○落ち着いた気持ちで降園できるよう見守る。

11:20 降園

太字：幼児の活動　＊活動の内容　○教師の援助　★協同的な学びにつながる援助

出典：「弘前大学教育学部附属幼稚園平成21年度公開研究会要項」（2009年9月）を基に作成

援助、それぞれの1日の流れが見える日案になっている。また、環境構成については、ポイントとして事前準備や使用する材料や用具などがまとめられている。

次に、**図表6**では、ねらいと内容に基づき、子どもの活動やそこでの具体的な姿、それに対しての保育者の援助が、活動ごとにまとめられており、子どもの活動と保育者の援助のつながりが見える日案になっている。また、環境図が活用されており、どの場所で、どの活動が行われるのかがより具体的に示され、それぞれの遊びに対する援助が見えるものとなっている。

2つの日案の書式例を示したが、このほかにも、計画と記録が一体となっている日案や、一人ひとりの子どもに応じた援助がまとめられている日案など、さまざまな書式がある。どのような書式でも、「ねらい」「内容」「子どもの姿」「環境構成」「保育者の援助」が分かりやすく構成されることが大切である。

【引用・参考文献】

磯部祐子『教育課程の理論――保育におけるカリキュラム・デザイン』萌文書林、2003年

金村美千子編著『新保育課程・教育課程論』同文書院、2011年

川邉貴子『遊びを中心とした保育――保育記録から読み解く「援助」と「展開」』萌文書院、2005年

第5章 指導計画と記録

吉田　直哉

第1節　保育方法と指導計画

1．指導計画の定義

　指導計画とは、「教育・保育に携わる者（以下、保育者）が、子どもの将来のあり方に対する『期待』に基づいて、それに到達するまでのプロセスを具体化するための案」である。そのため、指導計画は、保育者が、子どもに寄せる「期待」、すなわち「価値」を含む。その「価値」が、子ども自身によって獲得され、実現されたかどうかが計画の「成否」を分ける。そして、その計画にこめられた「価値」がどの程度達成されたのか、達成されるまでにどのような「つまずき」や「葛藤」があったのかを、文字によって書き留めることが「保育記録」である。つまり、指導計画を作成することは、子どもの体験の過程を、保育者の「価値」という視点からデザインすることである。そして、保育記録とは、そのデザインが、子ども自身の体験によって実現されたり裏切られたりしていく様子を、保育者の「価値」という視点から観察し、継続して書き留めていくことである。つまり、指導計画と保育記録は、子どもの体験と保育者の援助に対する「評価（assessment）」という点において結びついているのである。ここでいう「評価」とは、保育者が自分自身の価値観に従って子どものあり方を一方的に査定することではない。むしろ、指導計画を実践の中で反省し、子どもが保育者の計画と実践をどう体験し、「評価」しているのかを、子ども自身の振る舞いから読み取るということである。

　むろん、指導計画が子どもの現状を理解することからスタートすることは言うまでもないことである。しかし、子どもの現状を把握しただけで指導計画が自動的に生まれてくるわけではない。子どもの現状に沿う

ように計画を作成するのは、あくまでも保育者である。それゆえ保育者は、自分の計画が子どもの体験と自分自身の子ども観にどのような影響を及ぼすのかを、記録を作成することによって常に反省していく必要がある。それは、子どもとの関わりの中で常に自分の計画を反省していく「実践に埋め込まれた反省」である。ドナルド・ショーン（D. A. Schön, 1931～1997）は、反省の繰り返しによって少しずつ実践の内容を充実させていこうとする者を、「反省的実践家」と呼ぶ。保育者もまた、この点では反省的実践家なのである。

2.「5領域」から保育活動の多面性を見いだす

今日のわが国の幼稚園・保育所での「保育」は、活動形態のうえでは子どもが主導権を持つ。そして活動内容は、さまざまな体験を含む総合的なものであることを目指している。つまり、子どもの主体的な学びとさまざまな領域が複合的に組み合わされた総合的な学びが、保育において重要なものであると考えられている。ここで「学びの領域」というとき、参考にできるものとして、健康、人間関係、環境、言葉、表現という「5領域」がある。これらは、それぞれの領域が、独自の内容と範囲を持っていると考えるべきではない。これらは、ある一つの実際の活動の中に含まれているさまざまな要素を捉え、認識するための「評価の基準」なのである。例えば、ある一つの活動の中に、「健康」という領域から捉えられる部分と、「表現」という領域から捉えられる部分が、同時に共存しているというように考えていくべきである。それぞれの領域を「視点」として、保育活動の中に含まれている複合的な要素を見つめ直し、その多面性を見いだしていくことが求められるのである。

さて、保育内容のみならず保育援助もまた複合的で、さまざまな側面が折り重なったものだと考えられる。ここで重要なことは、援助というものが決して全て目に見えるものではないということである。言い方を変えれば、保育者にとっても子どもにとっても、「意識に上らない援

助」というものがあるということである。このような、保育という日常的な営みの中で、保育者にも子どもにも暗黙のうちに伝達されるメッセージのことを「隠れたカリキュラム」と呼ぶ。「隠れたカリキュラム」は、例えば「保育者の話を静かに聞く」、「他の子どもに暴力をふるわない」などのように、園における「当然のルール」だと見なされていることが多い。これにすぐさま順応できる子どもと、個別に対応し、言葉で丁寧に言い含めないと理解できない子どもとの間には差が出てくる。

　これと同様のことは、指導計画についても言える。どういうことかというと、計画にも、目に見える意識的な側面と、目に見えない無意識的な側面があるということである。戸田雅美（1958～）が述べているように、計画というのは、文字に起こされ書類に書き留められたものだけを意味するのではなく、日々の保育の流れの中で、保育者が気づき、把握し、気に留めていたことが、「ふと」現れてくる「配慮」のような、無意識的な振る舞いも含む［戸田、2004］。

　そのような状況の中で、変化していく可能性を持つ柔軟なものとして指導計画を考えるときに生じてくるのは、計画と実践の間のギャップにどのように対応していくかということである。むろん、保育者としての経験を積んでいく中で、「臨機応変さ」、即興性が身についていくと考えられるが、それだけに頼ることは、保育の計画性や、保育者の意図が持つ意味の重要性を見落とすことにつながる。

3. 指導計画と子どもの「主体性」の矛盾

　指導計画を作成するとき意識しなくてはならないのは、計画にこめられる「保育者の意図」と「子どもの自由」との間に、摩擦や葛藤が起きる可能性である。子どもの現状の把握に基づいて「ねらい」と「目標」を設定することによって、指導計画は始まる。このねらいや目標は、子どもの現状を十分に把握したうえで保育者が設定するものである。とはいえ、保育者の思いや願いがそこにこめられるわけだから、計画という

のは、どうしても保育者の主導権が強くなる。一方、その計画では、子どもの自由な活動、自発的な参加、主体的な学びが求められる。子どもが自由に、自発的・主体的・能動的に活動したとき、当然、その結果は、保育者が予想できなかったものになることがある。それを「失敗」と見なしてしまうと、指導計画は、保育者の意図のとおりに子どもに演技を要求する、演劇のシナリオのようなものになってしまう。

　保育者は常に、保育者の思いと、子どもの自由がぶつかり合う可能性があるということを意識しておかなければならない。指導計画は、計画でありながら計画から外れるということを、あらかじめ想定しておかなければならないのである。ここから分かることは、指導計画とその実践とは、保育者と子どもとの相互作用の中で、当初の計画を乗り越えていくような全く新しいプロセスが生じてくる共同作業であるということである（弁証法的な実践としての保育）。

4.「生きる力」の育成を目指す保育援助の特徴

　以上のような、指導計画とその実践の積み重ねの先に目指されているのは、2008年改訂の「幼稚園教育要領」に明記されているように、「生きる力」の育成である。2002年の新学習指導要領においては、「多くの知識を教え込む教育を転換し、子どもたちが自ら学び自ら考える力の育成」が基本的な視点として掲げられ、現在に至るまで学校教育の方向性となっている。そこでは、保育者の子どもに対するコントロールは暗示的で見えにくいものとなる。そして、子ども自身が学習内容を「自由に」作り上げることが期待され、知識や技能を習得することよりは、「体験」することが重視される。

　「生きる力」の育成という点から見たとき、指導計画に求められることは次の2点である。第1に、子どもが、自発的に、生活の中の問題を見つけ出すこと（子どもによる活動内容の選択）。そして第2に、子どもがその問題を解決しようと試行錯誤する中で学び、正しい認識を身につけて

いくこと（子どもによる主体的な学習活動）。つまり、子どもが自分なりの問題意識を持って活動に向かうこと、そのための援助を具体的に示していくことが、指導計画に求められるということである。総合的な学びというものは、主導権が子どもにあるために、保育者にとっては計画を立てにくく、予測がしにくいという困難がある。そして、具体的な保育場面をイメージするにも、活動が持っている複数の側面を見渡す総合的な視点が必要とされる。そして、総合的な活動内容を作り上げるためには、多面的な性格を持つ教材を準備することが求められる。同時に、周囲の環境も、柔軟な応用が利くように構成しなければならない（フレキシブルな環境構成）。

　このように、総合的な学びを目指す保育というものは、非常にコストが大きい。単純に言えば、費用も、時間も、手間もかかる。保育者には、そのようなコストに見合うだけの優れたパフォーマンスをし、それを子どもに提供していくことが求められる。

5.「わざ」としての保育技術の習得

　注意すべきことは、子どもが主導権を持つ保育においても、保育者の準備が不要であったり、軽視してもよいものと考えるわけにはいかないということである。むしろ、子どもに主導権がある分、子どもの振る舞いの予測が難しくなるために、保育者には、臨機応変の柔軟な対応が求められる。このような能力は、十分な事前のイメージトレーニングと、子どもの現状に対するきめ細かな把握、そして豊富な実践経験の蓄積によって磨かれてゆくものであり、決して、一朝一夕に身につくものではない。そのような、試行錯誤の末に身につけられる保育技術は、決して「言葉」だけによって教えられたものではない。年長の保育者に、事細かに言葉で説明してもらい、手取り足取り指導してもらうことによって習得したのではなく、「見よう見まね」で取り組んできたと語るベテラン保育者は多い。このことは、指導計画の実践に限らず、保育技術の習

得全般に当てはまることである。言葉ではなく、身体ごと実践の中に飛び込むことによって、段階を踏むのではなく、直接的に身につけていくという、「身体知」と言ってよいような学びが、そこに成り立っている。生田久美子（1947～）が、伝統芸能や武術における「わざ」の習得について述べていることの多くは、保育技術の習得・向上にも当てはまる［生田、1987］。

第2節　記録による反省

1．指導計画の立案と保育記録の関連

　保育についての記録を取るということには、2つの意味がある。第1に、子どもの現状を知るという意味での記録である。第2に、保育者が、自分の指導計画について、自己評価をする際の資料としての記録である。保育者は、他者からの評価、自己評価を基にして、反省的に保育の質の向上を図る必要がある。そのための方法として有効なのが、PDCAサイクルの導入である。P（Plan：計画）、D（Do：実践）、C（Check：点検・評価）、A（改善：Action）のサイクルを繰り返すことによって、自らの保育にポジティブなフィードバックを与えていくのである。先ほど述べた第1の記録、すなわち子どもの現状についての記録は、指導計画（P）の立案の段階に位置づけられる。そして、第2の記録、すなわち自分の指導計画に基づいた実践の結果についての記録は、点検・評価（C）によって、保育者が、自己の実践について反省する段階に位置づけられる。このように、指導計画の作成と保育実践の記録は、PDCAサイクルの中に位置づけることで、保育の質の向上に向けた有機的な関連を持つものとなるのである。

2．実践記録の特徴と作成上の注意

　記録を残すということは、事実のありのままを切り取ることではない。全てを客観的に完全に書き留めるということは、そもそも不可能だからである。記録を書くということは、自分が見、これは重要だと思ったことを、紙の上に自分なりに組み立て直すということである（事実の再構成としての記録）。記録を書くときには必ず、何を書くかという観察者＝記録者の判断が働いている。言い換えれば、何かを書くということは、何かを書かないという選択を行うということである。自分は「何を見たいのか」ということを自分自身で意識化しておくことによって初めて、保育は一つのまとまった像となって現れてくる。保育は、私たちが「見よう」と思っている角度によって見せる表情を変える。それを自覚することなく、「何かを見よう」とか「何でも（全部）見よう」という態度では、けっきょく記録の素材を「見つける」ことはできないだろう。

　保育の記録を取ろうとするとき、まず行うべきことは、自分の観察の対象を決め、それをリストアップしておくことである。日誌や記録用紙の欄外に記載しておいたり、付箋に記しておき、用紙に貼り付けておいたりしてもよい。このような観察目標のメモは、文章で厳密に書くというものでなくて、箇条書きでよい。大切なことは、文字にして書き、いつでも繰り返し自分の目で確かめることができるようにしておくということである。

　記録項目の挙げ方としては、例えば、「登園時の子どもの表情を見る保育者の視線と声かけの調子」とか、「発表会準備のときの子どもの視線の動き」、「食事のときのテーブルふきんの置き場所」、「園庭での自由遊びのときの、保育者どうしのコミュニケーションの方法」などのように、「誰が」「いつ」「どのような場面で」「何を」行っているのを見るのか、というように、かなり具体的に場面を絞っておくと、記録の取り方が精密になり、多くの情報量を得ることができるようになる（ただ、自

分の処理能力を超えてしまうほど記録の項目の数を増やしすぎては逆効果である）。

具体的な記録を書く際に重要なことは、事実についての客観的な記述を目指す記録と、事実について推測されること、記録者自身が考察したことは、はっきり区別しなければならないということである。子どもの「感情」や「心情」は、推測するよりほかないものであるから、それらはどうしても、記録者の推測・判断を含んだものとして記録されることになる。これを明確にしておかないと、記録者自身のかってな思い込みと、実際の子どもの心情とを混同してしまうという危険性が生じてくる。

3. 記録方法と観察者の姿勢

以上のような「これを見よう」と意識的にねらって書く記録に対して、子どもと生活する中で突如遭遇した「心揺さぶられる」ような感動・衝撃の体験を書き留める記録を、「エピソード記録」と呼んでおこう。鯨岡峻（1943～）らによれば、エピソード記録とは、保育者が「書かずにはおれないと思ったもの」を書き留めることである。それは、主体としての子どもに出会い、それに、保育者が主体として働き返し、そこに生じてきた「相互主体的な関わり合い」を記録するものとも言える。それは、子どもと保育者によって生きられた時空間を記述するものであるから、記録者である保育者の「主観性」から切り離されることはできない[鯨岡・鯨岡、2007]。

以上のような、記録のあり方の違いは、保育者が子どもとどのような関係性を結んでいるかに関わっている。記録を文章の形で残すことによって、保育に対する自分の姿勢がどのようなものであるかを、事後的に繰り返して反省することができるようになるのである。

第3節　指導要録の構成と記載法

1. 要録の種類と記載内容

　前節で見たような、日々書き続けられる日常的な保育記録の集大成として位置づけられるのが、「要録」である。「要録」の呼称は、幼稚園、保育所、認定こども園と、それぞれの施設において異なっている。しかしながらいずれの要録も、子どもが施設に在籍していた期間全体を視野に収め、継続的な発達のプロセスを記録し、それを後続する学校教育における指導・支援の素材として活用しようとする目的を共有している。

　「幼稚園幼児指導要録」は、幼稚園長に作成が義務づけられている（学校教育法施行規則第24条、同28条）。そして、「幼児の学籍並びに指導の過程とその結果の要約を記録し、その後の指導及び外部に対する証明等に役立たせるための原簿」として位置づけられている。つまり、指導要録とは、「指導」のための資料という性格と、社会へ向けた「対外的な証明」という性格を併せ持っている。指導要録は、「学籍に関する記録」（保存期間20年間）と「指導に関する記録」（保存期間5年間）から成っている。2009年の改定では、従来の要録の参考書式では「ねらいと発達」、「指導上参考となる事項」と区別されていた事項が「指導上参考となる事項」へと一本化され、さらに、その記録方法が、○印を付す方式から、文章による記述となるという2点の変更が加えられた。「指導の重点」については、「学年の重点」と「個人の重点」を併せて記録する必要がある。

　一方、保育所においても、「保育所児童保育要録」（以下、保育要録）の作成が義務づけられた。すなわち、保育所保育指針（第4章1の(3) エ (イ)）においては「小学校との連携」について、「子どもに関する情報

共有に関して、保育所に入所している子どもの就学に際し、市町村の支援の下に、子どもの育ちを支えるための資料が保育所から小学校へ送付されるようにすること」と規定されている。ここからも分かるように、「学びと育ちの継続性」を保証するという観点から導入されたことは、幼稚園幼児指導要録と同様である。保存期間に関しては、児童が「小学校を卒業するまでの間」が望ましいとされている（「保育所保育指針の施行に際しての留意事項について（通知）」2008年）。

　保育要録は、「入所に関する記録」と「保育に関する記録」から成る。前者は、「幼児指導要録」における「学籍に関する記録」に相当するものであり、①児童名、性別、生年月日、②保育所名とその所在地、③児童の保育期間、④児童の就学先（小学校名）、⑤施設長名と担当保育士名が記載される。一方、「保育に関する記録」には、①子どもの育ちに関わる事項、②養護（生命の保持及び情緒の安定）に関わる事項、③教育（発達援助）に関わる事項、の3点が記載される。

　③教育（発達援助）に関わる事項においては、「5領域」のねらいに留意しつつ、在所期間の全般にわたる発達のプロセスを記録する。特に記録すべきことは、「関心・意欲」を示す分野や対象などである。これは、小学校以降の「生きる力」の育成をするに当たって、小学校教諭が留意しておくべき児童の性格と言える。いずれにせよ、要録への記載内容は、取り扱いに留意すべき高度の個人情報である。その守秘に関しては、「個人情報保護に関する法律」に従って、慎重に行うべきである。

　以上のような「要録」は、子どもが在籍する施設を変わっても、新しく入る施設の担当者が子どもの来歴を知ることができるという、施設間連絡のための資料であり、同時に、外部からの情報提供の求めに応じて、子どもの正確な情報を保証するという対外的な証書でもある。つまり「要録」は、時間・空間を隔てて、子どもについての情報を伝達するメディア（媒体）であるということができる。そのため、要録の作成者は、それが進級、進学、転学の際の「引き継ぎ」の資料となるということを

十分に自覚する必要がある。

2. 幼・保・小における「言葉遣い」のギャップ

　しかしながら、単に、要録の受け渡しを行うだけで、容易に子どもに関する情報の共有が可能になると考えるべきではない。子どもについての情報を共有することの難しさは、幼・保・小の間に横たわる歴史的・文化的な背景のギャップから生まれてくる。山内紀幸（1963～）が指摘するように、指導計画に使用される単語は、小学校学習指導要領で用いられる単語と比べて、意味が漠然としている。例えば、「環境に関わる」「楽しさを味わう」「動植物に親しむ」「不思議さに気づく」などである。山内によれば、このような指導計画に用いられる独特の単語は、「ジャーゴン」（特定の業界にしか通用しない隠語）と化し、現場の保育者と、隣接する分野の人間とのコミュニケーションを難しくしているという。そのデメリットは、指導計画におけるジャーゴンが、「保育で目指すべき保育内容」を示さないという点、そして、「評価言語」として機能していないという点の2つである。言い換えれば、指導計画におけるジャーゴンによって、子どもの行為を具体的にイメージすることは難しい。そのために、保育者が目指すべき保育内容を子どもが達成したかどうかを「評価」することができないということである［磯部・山内、2007］。

　ここで問題になるのは、小学校教諭が用いる言葉の使用規則（コード）と、保育者が用いる言葉の使用規則（コード）が不一致を起こす可能性である。というのも、小学校教諭は、子どもの具体的な行為の様子を捉える言葉を頻繁に使用するからである。保育者は、自らが日常的に子どもたちについて、あるいは自分たちの保育実践について語るときに使用している「言葉遣い」が、「日本の保育」という特定の文化的な枠組みの中でのみ通用する、特殊な言葉遣いであるという事実を自覚すべきである。そして、小学校教諭と保育者は共に、相手側が使用している

「言葉遣い」のルールを学び合うよう努める必要がある。幼・保・小連携を促進するような試みは、このような「異文化との出合い」から始まるのである。要録の作成に当たっては、保育記録が曖昧で多義的な言葉遣いによって書かれるという状況を十分に認識し、意識的に具体的・直接的な表現をとれるよう、保育者は努力することが求められる。保育者と小学校教諭の共同の研修、人事交流などのソーシャル・ネットワークづくりや、「幼小連携校」の設立など、制度上の「連携」にとどまらず、幼・保・小の間にある文化的なギャップを埋めるよう、相互理解を図るための討議（ディスカッション）を深めることが、今、必要とされている。

3. 幼・保・小の文化的ギャップを再考するためのきっかけを

　記録における「言葉遣い」の違いのみならず、幼・保・小の間には、評価方法の違い、教育方法の違いなど、さまざまな文化的なギャップが存在している。例えば、評価方法について言うと、幼・保では、子ども自身の意欲や心情、態度を評価対象とする「方向目標」が設定される傾向がある。それに対し、小学校では、具体的に「何ができるようになったのか」という「到達目標」が設定される傾向がある。さらに、教育方法について言うと、幼・保では、保育者に与えられた、活動内容に関しての主導権は相対的に弱い。それに対して小学校では、より強い主導権が教師に与えられている。

　以上のようなギャップがそもそも存在していることに気づかなければ、「要録」は適切な機能を果たせず、無用の長物となりかねない。実際、要録の作成は、その担当者にとって大きな負担となる現状がある。幼・保・小それぞれの立場から、今存在している文化的なギャップを橋渡しして、三者が有効に共有できるシステムづくりの第一歩として、要録の見直しを議論していくべき時が来ている。

　さらに、そのような議論の中で、新たに踏まえていくべき問題がある。

例えば、「ある個人にとっての、最も正確で一貫しており、信頼できる記録が、その個人からは切り離されて存在し、保存されている」という、文書による記録の持つ他律性（情報からの疎外）の問題である。これは「本人の知らないうちに記録が取られてしまい、その内容を本人が知ることができない」という状態である。さらに、その記録に基づいてなされる「指導」や「援助」が、ときとして個人に対する過剰な介入（パターナリズム）を生じさせかねないという、記録という行為そのものが持つ権力性の問題（フーコー；M. Foucault, 1926～1984）も生じる。子どもに関わる当事者が、立場を超えて、このような、今まで認識されてこなかった問題を自覚することが求められていくだろう。

【引用・参考文献】

生田久美子『「わざ」から知る』東京大学出版会、1987年

磯部裕子・山内紀幸『ナラティヴとしての保育学』萌文書林、2007年

神長美津子・塩谷香編著『幼稚園幼児指導要録・保育所児童保育要録記入ハンドブック』ぎょうせい、2009年

鯨岡峻・鯨岡和子『保育のためのエピソード記述入門』ミネルヴァ書房、2007年

篠原孝子・田村学編著『幼稚園・保育所と小学校の連携ポイント』ぎょうせい、2009年

D・ショーン（佐藤学・秋田喜代美訳）『専門家の知恵――反省的実践家は行為しながら考える』ゆみる出版、2001年

戸田雅美『保育をデザインする』フレーベル館、2004年

中内敏夫『「教室」をひらく――新・教育原論』藤原書店、1999年

M・フーコー（田村俶・雲和子訳）『自己のテクノロジー――フーコー・セミナーの記録』岩波書店、2004年

第6章
0歳児の指導計画の実際

田中　卓也

第1節　赤ちゃんの言葉と人間関係の構築

1. 赤ちゃんのコミュニケーション

　言葉が話せない赤ちゃんは、非言語としてのコミュニケーションを行っているといわれる。「泣く」ということがその例に挙げられる。泣くことにより、周りの人に赤ちゃん自身を引きつけようとしている。また表情や視線についても、赤ちゃんにとって大切なコミュニケーションの方法・手段となっているのである。

　3カ月頃までの赤ちゃんは、「おなかがすいた」、「おむつが濡れている」といった生理的不快感で泣くことがあり、「だっこしてほしい」、「遊んでほしい」というときには、甘える泣き方をする。どれだけ世話をしたとしても、なかなか泣きやまないこともある。そんなときには、抱っこしたまま外に出たり、オルゴールやメリーゴーランドなどを回転させながらその音色を聞かせ、心を落ち着かせることも大切である。

　手に負えないということで投げ出してしまうと、赤ちゃんはより泣いてしまう。赤ちゃんをしっかり抱き締め、赤ちゃんの身になって、なぜ泣いているのかを考えてみることが大切である。だっこすることで、赤ちゃんからの信頼感は深いものとなる。

2. 世話をしながらの語りかけ

　言葉の発達は、耳に入ってきた言葉をまねすることから始まるといわれている。赤ちゃんへの語りかけは、心を通わせることにより、「アタッチメント」（愛着）を形成するために重要なことであるが、言葉の理解を促すためにも重要な役割を持っている。語りかけはどのような場合に行うのか。例えば授乳中やおむつの交換、沐浴時、寝つかせると

きなどには積極的に行うものである。毎日同じように赤ちゃんの世話をすることから、同じ言葉を繰り返し使用することもあると思われるが、繰り返し語りかけることが、赤ちゃんには大切なことである。

　赤ちゃんは機嫌が良いときには、「アー」、「ウー」という声を発することがある。この声はやがて、「喃語」につながっていく。赤ちゃんが話そうとした場合には、その様子をしっかりと受け止め、ときにはうなずいたり、赤ちゃんの発声をまねしたりすることも大切となる。喃語についても、赤ちゃんの身体に触れたりしながら語りかけに応じるとよい。このやり取りを楽しみながら、コミュニケーションを育みたい。

3. 0歳児の特徴

　子どもの発達過程は、子ども一人ひとりが人間として生きていくために必要なものである。保育者として担任になると、この発達過程から見る子どもの実態に根ざした指導計画の作成が大切になる。以下に、0歳児の特徴とはどのようなものか、そして0歳からの1年間を3期に分け、それぞれの発達段階の特徴について見ていきたい。

　0歳児では、一人ひとりの育ちや発達が、月齢によって異なる。月齢の低い子どもたちは睡眠、食事、排泄などの生理的欲求がそれぞれに異なるため、それに応じた指導計画が必要となる。入園当初の4〜5月の時期に丁寧に配慮をしなければ、生活のリズムが乱れてしまい、体調不良や病気を引き起こす子どももいると考えられる。

　保育者は集団保育を通して、一日の流れと一人ひとりの育ちのバランスについて考えていくことが求められよう。

(1) 3カ月〜6カ月未満の赤ちゃん

　生後3カ月頃から6カ月未満の時期には、保育者の関わりが子どもの心の安定、心地よさ、人との関係づくりになる大切な時期である。この時期には喃語を発し始める。話しかけると、喃語で「アー」「ウー」と応

答することが見られるが、この過程を経て、言葉のやり取りにつながっていく。生後4カ月頃には首が据わるようになり、身体の各部分についても動くようになる。また運動能力が高まり、手におもちゃを持ち、腹ばいの姿勢もとれるようになる。さらに寝返りも始まり、身体の位置が変わり、安全確保が必要になるのである。

　保育者が視線を合わせれば、乳児の表情の変化が見られ、保育者自らに働きかけるようになる。それに伴い乳児は自分から相手に向かって笑うようになり、首が据わることで、保育者と対面するようになるといった応答性が見られるようになる。保育者は積極的に応答することが大切なのである。乳児はこれにより、特定の大人との情緒的な絆が生まれ、人に対しての信頼感が育まれるのである。

(2) 6カ月〜9カ月未満の赤ちゃん

　6〜9カ月になると、「寝返り」ができるようになる。これを覚えると、あおむけの状態から寝返りをして、またあおむけというように自由に動けるようになる。さらに腹ばいになって上半身を手のひらで支え、左右どちらへも寝返りができるようになる。「お座り」「四つばい」、「つかまり立ち」なども応用してできるようになっていく。

　やがておなかを中心にして方向転換ができるようになると、「はいはい」が始まる前兆となる。はいはいには、「ずりばい」、「四つばい」、「高ばい」などのさまざまなパターンがあり、ずりばいから四つばいに移行する赤ちゃんが多いといわれる。

　赤ちゃんは欲しいものがあると、意識的に声を出すようにもなる。このような「探索活動」が活発化し、欲しいものがあると、「アー」という声や、視線や表情の変化で気持ちを周りの人に伝えるようになる。

　遊びについてもさまざまな体験を通して、赤ちゃんは見えていなくても物が存在することを理解していく。その体験の一つが、「いないいないばあ」といった遊びである。今は見えていなくても、なくなったので

はなく、存在しているといった物の永続性の理解ができるようになる。

(3) 9カ月〜1歳未満の赤ちゃん

　この時期になると、つかまらずに立っていられるようになる。最初はバランスを崩しやすいが、足の筋力や平衡感覚がさらに発達すると、突いていた両手で片手になったり、壁に軽く手を突くだけになったりして、つかまっていたものから少しずつ手が離れ、下半身をしっかり支えられるようになる。またこの時期には「模倣」ができるようになり、周囲にいる人のすることをよく見て、同じことをやりたがるようになる。「バイバイ」、「パチパチ」などがその代表的な動作であり、大人に求められると何度も行うようになる。これにより、いたずらと見られがちな探索活動も増えるようになるが、赤ちゃんが好奇心を伸ばそうとしているたいへん重要な行動である。

　食事については、離乳食の回数も3回ほどになり、咀嚼能力を獲得するため、おにぎりやパン、スティック野菜、果物などを徐々に食べさせていくようにする。遊びや運動については、この時期になるとリズムに合わせるように身体を揺らすことができるようになる。また大人の動作を見てまねることもできるようになるので、手遊びなどをするとよい。赤ちゃんを膝の上に乗せてリズムをとっているだけでも、その動きが自然と赤ちゃんに伝わり、リズムに乗る楽しさを感じることができる。

第2節　0歳児の生活・安全面の留意点

1. 安眠できるような配慮

　0歳児は昼夜の区別がつかないため、3〜4時間ごとに目覚めと眠りを

繰り返す。そのため睡眠時の環境づくりを怠ってはいけない。赤ちゃんが安眠できるためには、①なるべく同じ布団で、同じ位置に寝かせること、②寝る前に大人がかまいすぎて興奮した状態にさせないこと、③0歳児が自分で寝返りができるまでSIDS（乳幼児突然死症候群）の危険を避けるため、うつぶせで寝させることはやめ、あおむけに寝かせること、④子どもが安心感を持つように、寝つくまで保育者がしっかり見守ること、⑤寝入ってからも、溢乳がないか、シーツ類が顔にかかっていないかなどを注意深く観察すること、などのことに気をつけたい。

2. 授乳時の注意

　赤ちゃんは抱かれていることの安心感と食欲が満たされるという生理的満足感により、授乳に喜びを感じるという。食事でいうところの「食べる楽しさ」と同じ意味であり、赤ちゃんにとって授乳は「食生活の土台」であると言える。

　授乳時に注意すべき点としては、①常に哺乳瓶の乳首部分にミルクが満たされている状態にすること、②乳首の穴の大きさは、赤ちゃんが吸う力に合わせて選ぶこと、③乳首を舌で押してくるのは「もういっぱい」というサインであるため、無理に飲ませようとしないこと、④飲んだときは必ず排気させること、⑤排気が不十分のときには、寝かせた後の吐乳に注意すること、などが挙げられる。

3. 衣服の着脱への配慮

　目覚めたら着替えをすることになるが、運動機能の発達が著しいこの時期の衣服として、上下がつながっているカバーオールの衣服は適当ではない。身体を動かすことで筋肉が強くなるため、やがて体力が付くことになる。そのため動きを妨げない衣服を着用することが望まれる。厚着を着るのも、動きにくくなるので、あまりよいとは言えない。暑い夏には、よく冷房設備を使用することになるが、赤ちゃんのいるところで

はできるだけ冷房に頼る生活は避けたいところである。また寒くなると重ね着が当たり前のように感じるが、厚着は赤ちゃんが本来待っている体温調節機能の発達を妨げてしまい、風邪をこじらせる原因にもなるといわれるので注意しておきたい。運動機能や体温調節機能を考えるうえで、薄着が0歳児にはふさわしいと考えられている。

4. 感染症への注意・対策

　赤ちゃんは、月齢が進むにつれて抵抗力は増していくことになるが、6～7カ月頃になると、風邪などの感染症をこじらせやすくなる。体調の変化にすぐ気づくよう、ふだんから健康状態を注意深く観察しておくことが求められる。子どもの熱が高いときには、病的な原因による体温上昇のほか、うつ熱状態による発熱などが考えられる。そもそも子どもは大人よりも体温が高いので、体温調節機能が十分に機能しないと外界の影響を受けやすいものである。発熱を感じたときには、うつ熱状態の可能性も頭に置きながら、他に症状が現れていないかをよく確認しながら、分かる範囲でメモをしておきたい。保護者にメモを渡すときにたいへん役立つことになるので、よく覚えておきたい。

5. 玩具・備品の殺菌・消毒

　赤ちゃんは何に対しても手を出して触ったり、口に物を持っていったりすることはよく知られている。この時期の赤ちゃんにおいては発達上は良いことであるが、衛生的には喜ぶことができない。玩具はもちろんのこと、手を触れたり口をつけたりする可能性がある備品などには、逆性石鹸水などで毎日拭くなど、こまめに清潔にしておく必要がある。なめたりかんだりする玩具はできるだけ共有するのを避け、保護者の協力も得ながら、一人ひとりに専用のものを準備しておきたいところである。
　万が一赤ちゃんが感染症を発症したら、小型の肩かけ噴霧器などで室内全体を消毒し、相互感染するのを防ぐことが求められる。しかしなが

ら、日常生活において殺菌・消毒をしすぎるのも考えものなので、適度を心がけたいところである。赤ちゃんが健康に育つには雑菌に強くなることも必要であるから、過度な殺菌・消毒で雑菌が極端に減少すると、自己免疫力をつける機会を奪ってしまうことになりかねない。そのため、適度な殺菌・消毒を心がけたいところである。

6. 転倒・転落・誤飲の防止

　赤ちゃんが伝い歩きをする頃になると、足もとに散らばる玩具につまづいて転倒し、ケガをする危険がある。そのため玩具はこまめに片づけるようにし、安全に動き回ることができる室内・空間を作るようにしたい。また、誤飲事故を防ぐことも、同じく大切である。赤ちゃんの口の中に入ってしまう大きさの玩具や備品などは、赤ちゃんの手の届かないところに置くように注意することも必要である。このように、自由に移動できることを覚えた赤ちゃんは、好奇心も旺盛となっていて、高さのあるものに乗るなど、自分から遊びを見つけ出すことが多い。赤ちゃんの事故においては、「どうしてそのようなことが起こったのか？」と思うような発生予測できないものも存在するが、もともと転落の危険性があると考えられるような生活用品などについては、できるかぎり片づけたり、赤ちゃんに近づけないような対策が必要となる。

　ときには「机やテーブルに乗ってはいけない」と厳しく禁止するなど、一度決めたことは徹底するようにしたい。0歳の頃は難しくても、1歳の頃になると自然に覚えることができるようになり、禁止されていることをやろうとすると、大人（保護者）の顔をうかがうようになる。その場合は「してはダメ」という形で厳しく注意するのではなく、「やっちゃダメだよね」というように優しく伝えてあげたいところである。

7. 愛着への不安を与えない

　9〜10カ月頃になると、赤ちゃんは人見知りをするだけでなく、「あ

と追い」も増える頃といわれる。あと追いは、その後2歳頃まで見られるようだが、はいはいができるようになり、行動力が身についたことで、特定の大人への愛着を、より行動で示そうとするようになる。

　この時期には、好意を持った大人の姿が少しでも見えなくなると、不安になって泣くようになる。好奇心と同じように、不安も強く持っているので、刺激しないように注意したい。一人遊びに夢中になっている間に保育者が外出すると、後追いがますます増えるようになるため、大人（保護者）はできるだけ赤ちゃんから見える位置にいるようにし、泣くようであればいつでも寄り添うことができるようにしたい。

　また、担当の保育者が勤務を交代したときも、大泣きする子どもがよくいるが、しだいに特定の人が不在になったときには、その人に代わる「第2、第3の愛着対象」を探すようになり、しばらくすれば泣かなくなるといわれる。赤ちゃんは単独で保育するよりも、むしろ複数の保育者で保育するとよいであろう。

第3節　一人ひとりに配慮した指導計画

1. 指導計画とは

　「指導計画」は、保育課程に基づいて保育目標や方針を具体化する実践計画を指す。この時期の子どもの発達過程は、子ども一人ひとりが人間として生きていくために必要なものとなる。この時期に外せない発達課題は何であるのか、クラスの担任は、発達過程から見たクラスの子どもの実態に即した年間の過ごし方を指導計画として作成することが求められるのである。

　予想される子どもの姿を見るには、独自の価値観や判断基準はなく、

本来の子どもの発育・発達についての専門性が必要となるし、家庭環境や地域環境など、子どもの環境状況を十分に把握し、課題を明確にすると同時に、子ども一人ひとりが何を求めているのかを洞察し、子どもの言葉に耳を傾ける必要がある。

　また、クラスの年齢や実態、発達課題に合った活動や遊びを創意工夫することが求められる。発達が緩やかな子や気になる子なども見られるが、年齢だけで判断するのではなく、発達過程の段階で積み残しはないかをよく見極め、積み残した段階の経験をあらためて経験できるように、クラスの環境も整備していくことが必要となる。指導計画において具体的なねらいが達成できるように、子どもの生活する姿や発想を大切にして適切な環境を構成し、子どもが主体的に活動できるようにしなければならない。

　保育所保育指針（第4章1（2））では、指導計画の作成に関し、次のように述べている。

　ア　指導計画の作成
　　指導計画の作成に当たっては、次の事項に留意しなければならない。
（ア）保育課程に基づき、子どもの生活や発達を見通した長期的な指導計画と、それに関連しながら、より具体的な子どもの日々の生活に即した短期的な指導計画を作成して、保育が適切に展開されるようにすること。
（イ）子ども一人一人の発達過程や状況を十分に踏まえること。
（ウ）保育所の生活における子どもの発達過程を見通し、生活の連続性、季節の変化などを考慮し、子どもの実態に即した具体的なねらい及び内容を設定すること。
（エ）具体的なねらいが達成されるよう、子どもの生活する姿や発想を大切にして適切な環境を構成し、子どもが主体的に活動できるようにすること。
　イ　指導計画の展開
　　指導計画に基づく保育の実施に当たっては、次の事項に留意しなければ

ならない。
(ア) 施設長、保育士などすべての職員による適切な役割分担と協力体制を整えること。
(イ) 子どもが行う具体的な活動は、生活の中で様々に変化することに留意して、子どもが望ましい方向に向かって自ら活動を展開できるよう必要な援助を行うこと。
(ウ) 子どもの主体的な活動を促すためには、保育士等が多様な関わりを持つことが重要であることを踏まえ、子どもの情緒の安定や発達に必要な豊かな体験が得られるよう援助すること。
(エ) 保育士等は、子どもの実態や子どもを取り巻く状況の変化などに即して保育の過程を記録するとともに、これらを踏まえ、指導計画に基づく保育の内容の見直しを行い、改善を図ること。

2. 個別指導計画の必要性

3歳未満児は、それぞれに発達の個人差が顕著に見られる。また月齢による発達の差のみならず、同じ月齢であっても個人差が顕著な例もある。このことから0歳児の指導計画については、個人別の指導計画が大切となる。その具体例を示すと、**図表1**のとおりである。

3. 年間の目標やねらいを考える

以下には、0歳児の保育活動における年間の目標・ねらいの例を掲載している。皆さんが保育者になった際には、ぜひ以下の内容を参考にされることをお勧めしたい。

(1) 年間の目標
・保健的で安全な環境の中で一人ひとりの子どもの欲求を十分受け止め、生命の保持と情緒の安定を図る。
・保育士との応答的な関わりの中で、自分の気持ちや欲求を安心して

図表1　個別の指導計画

	子どもの生活する姿	目安
ゆうき 8カ月	・仰向けで両足の先を持った姿勢を好む。足を突っ張らせるようになり、脇を支えて立たせると非常に喜ぶ。 ・おもちゃを見ると素早く手が伸びつかむ。振ったり両手のおもちゃを当てて音を出して遊ぶ。 ・自分から他児や保育者に対して手を伸ばし顔や身体に触れることがある。 ・家庭では母乳だけで、ミルクは嫌がる。園では少しずつ哺乳瓶で飲めるようになる。離乳食に慣れてきて口を大きく開けて食べる。	・さまざまな姿勢や動きを楽しむ。 ・一人遊びを十分に楽しむ。 ・人と関わることの心地よさを感じる。 ・安心した関わりの中でミルクを飲み、離乳食を食べる。
まゆみ 10カ月	・独り立ちをするようになる。ときどき牛乳パックの台等高いところに登って立ち上がることもある。 ・遊び着を着て、庭に降りて遊ぶ。砂に触れながら積極的に遊ぶ姿が見られる。 ・はっきりとした人見知りや後追いが見られる。家庭では母がその泣きに困っているという話がある。 ・涼しくなるとともに頬が赤くかさつき始める。	・部屋の中を自由に動きながら、探索活動を楽しむ。できるようになったことを安全な環境の中で楽しむ。 ・さまざまな物に触れ、身体全体で感じて考えて遊ぶ。 ・保育者との1対1の関わりの中で安心して生活する。 ・肌を清潔に保ち、気持ちよく過ごす。
あや 1歳5カ月	・歩行が安定し、靴を履いて戸外で歩くことを楽しむ。ときどきバランスを崩して転ぶこともある。 ・かばんを腕に下げて手を振り、おでかけごっこを楽しむ。 ・他児に対する好意的な関わりが日々見られるが、ときどき勢いよく頭をたたき、その後保育者の様子をうかがっているようなことがある。 ・「～してくれる？」と頼むとそのとおりに行動する。 ・食欲旺盛で、もっと食べたいものがあると調理室を指さし、お代わりを欲しがる。	・自然に触れながらいろいろな場所を歩き、動きのバランスを取っていく。 ・好きな遊びを十分に楽しむ。 ・保育者と触れ合って関わる中で安心感を覚える。 ・少しずつ思いの伝え方や関わり方の加減を知り、他児と関わることを楽しむ。 ・保育者や周りの大人に自然に甘えを出す。 ・生活のさまざまなことを楽しむ。

表せるようにする。

・安全な環境の中で、全身を使った遊びや探索活動を十分に行い、歩行の完成を図る。

・保育士の話しかけにより、言葉の理解や発語への意欲を育てながら、友達への関心を育てる。

・食事・排泄・着脱等の経験を通して、自分でしようとする気持ちを育てる。

関わりと配慮点	家庭との連携
・機嫌のよいときにいろいろな姿勢が楽しめるようにする。また好んでいる姿勢や動きに合わせて、けがにつながらないよう周囲の環境を整える。 ・静かにそっと見守りながら、場面に合わせて「いい音だね」「おもしろいね」など、共感する声をかけていく。 ・「～ちゃんが大好きなのね」など、相手への興味を言葉にして、他児に対してもその好意を伝えていく。 ・安心して飲める形を探りながらゆったりと授乳する。離乳食は食べ方や口の育ちに合わせて積極的に進めていく。	・家では父が作った手づくりおもちゃを使ってよく遊んでいるとのことなので、写真で見せてもらい、参考にする。 ・保護者、栄養士、保育者で話をする時間を取り、離乳食の進め方やその見通しについて確認し合う。
・少し高さのある場所は、周りにマットなどを敷いて危なくないように環境を整え、保育者もそばに付く。 ・遊びのおもしろさに共感しながらそっと見守る。じっくりと遊ぶことができるように遊ぶスペースを保障する。 ・不安にならないように余分な動きは避け、なるべく担任がそばにいられるようにする。どうしても離れなくてはならないときには「すぐ帰ってくるから待っててね」など言葉を添えて、すぐ戻るように心がける。 ・食前・食後に頬や口の周りにワセリンを塗って荒れないようにする。その他、様子に合わせての保湿と爪のケアを心がける。	・後追いや人見知りの意味や園で配慮していることを伝えながら、今の時期にできるだけ安心できるまで応じることの大切さを共通理解するようにする。 ・皮膚科での見解もそのつど尋ね、家庭と同様にこまめなケアができるようにしていく。
・自分でバランスを取る体験もできるようにそばについて見守り、歩きたい気持ちを大切にする。 ・「いってらっしゃい」「～買ってきてね」など、さらに遊びが広がるように言葉をかけながらいっしょに楽しむ。 ・関わり方が危ないときにはさりげなく間に入りながら他児への思いを代弁していく。同時に「ムギューがうれしいみたい」「大好きの握手がいいかな」など、心地よい関わり方を伝えていく。	・小さな傷でもきちんと保護者に状況を伝える。家庭でも園でもヒヤリとしたことやハッとしたことは伝え合う。
・積極的に触れ合って遊ぶ時間を作り、気持ちを緩める。 ・自分から気がついてやろうとすることを丁寧に受け止め、楽しみながらできることを任せて生活を楽しんでいく。	・園でのエピソードを具体的に伝えていく中で、保育者の視点や意味づけを添えながら成長を共に喜んでいく。

出典：[柴崎ほか、2010] を基に作成

(2) 年間のねらい

・一人ひとりの子どもの状態に応じて生理的欲求を満たし、食事・排泄・睡眠・着脱などの安定した生活ができるようにする。

・少しずつ言葉を覚えたり、要求や自分の気持ちを言葉で伝えたりできるように、応答的な関わりをする。

・自然物や遊具、玩具に興味を持ち、触れたり試したりして遊ぶことを十分に楽しめるようにする。

- 保育士や友達とのやり取りを通して、いろいろな言葉を獲得し、言葉を使うことを楽しめるようにしていく。
- 自分でしたいという気持ちの表れに丁寧に応えていきながら、自分でできたことをいっしょに喜ぶ。
- 日々の連絡を密にし、保育参観、保護者会、個人面談などを通して保護者との信頼関係を作り、子育てについての理解を深める。
- 長時間保育では、健康状態、生活習慣、生活リズムおよび情緒の安定を図る。子どもの不安な気持ちを受け止めながら、家庭的な雰囲気作りをし、安心して過ごせるようにする。

【引用・参考文献】

今井和子・鶴田一女・増田まゆみ『保育の計画・作成と展開〔改訂新版〕』フレーベル館、2002年

今井和子・天野珠路・大方美香編著『独自性を活かした保育課程に基づく指導計画——その実践・評価』ミネルヴァ書房、2010年

小田豊・神長美津子監修、神長美津子・塩谷香編著『教育課程・保育課程論』（新保育シリーズ）光生館、2011年

金子龍太郎・吾田富士子監修『保育に役立つ！子どもの発達がわかる本』ナツメ社、2011年

北野幸子編『乳幼児の教育保育課程論』（シードブック）建帛社、2010年

厚生労働省『保育所保育指針解説書』フレーベル館、2008年

指導計画編成委員会編『0歳児の指導計画——新しい保育指針の実践的展開 一人一人の乳幼児を生かす指導計画作成のために』チャイルド本社、1993年

柴崎正行・増田まゆみ・戸田雅美編『保育課程・教育課程総論』（最新保育講座5）ミネルヴァ書房、2010年

第7章

1・2歳児の指導計画の実際

岸　優子

第1節　発達段階を理解する視点

　保育者は、子どもをよりよく保育するために、一方で、子どもが階段を上るように、一つ一つの段階を踏みながら発達すること（段階を飛び越えたり、段階を逆転させたりしないこと）、他方で、それぞれの段階には固有の物の見方・感じ方・考え方があることを認識することが重要である。特に1・2歳の時期は、個人差が極めて大きいので、保育者は、一人ひとりの発達段階を見極めて、個人差に配慮した保育を実践することが課題となる。

　このような考え方を基に、ライフサイクルを8つの発展段階に分けたエリクソン（E. Erikson, 1902～1994）によると、1・2歳児（幼児期前期）は、0歳児（乳児期）の次の段階に位置づけられる。

　0歳児は、「基本的信頼（Basic Trust）」（特定の養育者〈基本的には母親〉に対する子どもの信頼感）と「基本的不信（Basic Mistrust）」の対が両極として経験される中で、「基本的信頼」が確立され、「希望」（生きていく活力）が獲得される段階である。

　1・2歳児は、それに対して「自律（Autonomy）」（自己をコントロールする力）と「恥（Shame）と疑惑（Doubt, 原義は「自分を隠す」）」という2つの相反する体験をすることが特徴的である。その際重要なことは、子どもが両極を体験する危機的状況の中で、より「自律」する感覚が優勢に働くことになり、「意志」という生きる力を獲得することである。

　本章で扱う1歳児と2歳児は、このエリクソンの言う幼児期前期（「自律」が確立される過程）の前半部分（1歳児）と後半部分（2歳児）に相当する。したがって、1歳児では、0歳児で確立された「基本的信頼」との関係を重視しながら「自律」への歩みを援助することが求められ、2歳児では、3歳児で確立すべき「自発性（Initiative）」を視野に入れながら

「自律」を確立できるよう援助することが求められる。

　ただし、1・2歳児は共に、乳児期に特定の養育者（一般的には母親）との間で築かれた「基本的信頼感」を基盤として、自我が芽生える時期である。したがって、保育所で一日の大半を過ごす幼児にとって、集団生活とはいえ、家庭の場合と同様、特定の保育者（母親に準じる存在）との間で築かれる一対一の信頼関係が、成長発達のためにはなによりも必要となる。

　保育者の配置数について、児童福祉施設及び運営に関する基準（旧・児童福祉施設最低基準）第33条第2項に、幼児6名につき保育士一人以上と規定されているが、A保育所の1歳児については、例えば、早朝担当の保育者2名、通常保育者（担任）3名、そして短時間に入れ替わる保育者（非常勤など）2名、さらに延長担当の保育者3名というように、常に、10名前後の異なる保育者がめまぐるしく関わることになる。1・2歳児が保育所で、安心して安定した生活をするには、特定の保育者をどのように担保するのか、さらに保育者間の連携をどう実現するのかについて、きめ細かな配慮の下で保育指導計画を立案することが最も重要な前提である。

　また、新学期になると、0歳児から同じ保育所に継続して入所している子どもでも、環境（クラスや担任）が変わって、すでに乳児期に確立したはずの「基本的信頼」が揺らぎ、危機的状況に陥ることが多いので、あらためて「基本的信頼」から積み上げる努力をすることが必要となる。例えばA保育所では、1歳児が2歳児となり、保育室の場所や担任の保育者が変わることで、入所児は不安定な気持ちになり、しばらく新しい担任になじめず、数時間大泣きしたり、慣れ親しんだ前のクラスの保育者の所に行こうとしたりした。担任持ち上がり制度をとらない場合は、入所児の安心につながるような配慮が課題となる。

第2節 1歳児の発達と指導計画

1. 1歳児の発達の特徴

　1歳児は、人間特有の直立二足歩行が可能となり、物を道具として操作する手指の発達、さらに言葉で自分の意志を伝えられるようになる大切な時期である。食事は、離乳食から幼児食へ移行し、排泄、さらに睡眠のリズム、衣服の着脱など基本的生活習慣が確立し、運動機能がめざましく発達する段階でもある。ただし、1歳児から2歳児にかけて、身体的な成長については、生後1年間の乳児期に比較すると、かなり緩やかになる。平均的に、体重が2～3kg増加し、身長は15cm程度伸びる。成長発育の重点は、乳児期が「体重」、1歳児以降は「身長」へと移行する。脳は、生後2年目の終わりには、成人の5分の4の大きさになり、頭囲は2cm程度増加する。保育者は、外見的な発達よりも、内面的な発達に配慮することが求められる。

2. 1歳児の保育指導計画

　このような1歳児の発達段階にふさわしい保育指導計画を立案するために、考慮すべき事項（ねらい、子どもの姿、保育者の配慮）を「一覧表」の形で整理したのが**図表1～3**である。「保育指導計画表」そのものは、それぞれの保育所で書式・形式が異なるので、保育者は、一覧表の記述を参考にして、それぞれの機関が求める、それぞれの種類の指導計画表を作成するのがよい。なお、**図表1**は「保育のねらい」、**図表2**は「1歳児の保育指導計画」を行事・食事・排泄・睡眠・着脱・清潔・遊びという項目ごとに、3つの期間（第1期：4月～8月、第2期：9月～12月、第3期：1月～3月）に分けて整理したものである。また、**図表3**は「1歳児

の全日指導案」の一例を示したものである。
　「保育指導計画」において、保育者は子どもへの、次に挙げる発達と安全への配慮・援助が望まれる。

①基本的生活習慣が確立できるように、睡眠・覚醒のリズムについて体内時計が十分機能するように生活リズムを整えるとともに、衣服の着脱、排泄等が自分でできるように援助すること。

②食事については、離乳食から幼児食への移行期である。保育者がスプーンを与えることにより、手づかみ食べから、スプーンを正しく持って食べられるように援助すること。

③独り歩きが始まり、行動範囲が飛躍的に拡大し、好奇心も旺盛となって探索活動が盛んになり、何でも口に入れるようになる。常に安全への配慮をして、危険なものは手の届かない所に置くこと。保育者は「死角」を作らないようにし、子どもから目を離さないこと。保育者間で連携をとりながら細心の注意を払って、子どもの活動を見守ることが求められる。

④1歳児は、食卓の上に乗って遊んだり、水に興味を持って水道の蛇口から水を出し続けたり、高い所から平気で飛び降りたりする。保育者が全ての危険な行為を「ダメ」と禁止するだけでは、子どもの「自律心」は育たない。反対に「優しく」関わるだけでも、子どもに「自己をコントロールする力」をつけることはできない。そのような場合には、第1に、言葉で理解させることが重要である。すなわち、子どもは「していいこと」「してはいけないこと」の区別がついていないので、特に危険なものについては、「痛い」「熱い」等、言葉で危ないものについて教える必要がある。第2に、自己肯定感を育むことが重要である。すなわち、全て「ダメ」と行動を禁止するのではなく、子どもがしたいことの自己欲求感をほどよく充足させながら、自己肯定感を育成していくことが大事である。危険なことをしないように、安全なおもちゃを見せて興味をひいたりして選

図表1　1歳児の保育のねらい

年間のねらい		・安定した生活リズムで、保育者に見守られながら、安心して生活する。 ・一人ひとりが好きな遊びを見つけ、十分に遊ぶ。 ・友達と関わる中で、自分や友達のいろいろな気持ちを感じ、人間関係を深める。
各期のねらい	第Ⅰ期	・新しい環境に慣れ、園での生活の流れ、一日の生活リズムが分かり、安定して過ごす。 ・好きな遊びを見つけて、保育者といっしょに楽しむ。 ・したいこと、してほしいことを表情やしぐさ、簡単な言葉で表現する。
	第Ⅱ期	・生活の流れを知り、見通しを持って行動するようになる。 ・戸外や自然の中で体を動かし、友達といっしょに遊びや生活を楽しむ。 ・自分でしたいという思いを保育者に受け止めてもらいながら、自分でするようになる。
	第Ⅲ期	・生活する中で、友達と関わって遊ぶ楽しさを感じる。 ・保育者に見守られながらも、自分でしたいという意欲を膨らませ、できたことを喜び、自信を持つようになる。

(筆者作成)

図表2　1歳児の保育指導計画の例（部分）

生活	時期	子どもの姿	保育者の配慮
行事	第Ⅰ期	・お誕生会、子どもの日、母の日、交通安全、歯の週間、父の日、七夕を友達とともに楽しむ。	・友達と歌ったり、体を動かすことで、喜びを味わえるように温かい雰囲気を作る。行事の中で制作（お絵描き、シール貼り）を楽しみ、自分で作る喜びを増やす。紙芝居や絵本を見ることで、行事を楽しめるようにする。
	第Ⅱ期	・運動会、感謝祭、生活発表会、子ども祭り、クリスマスに参加する。	・遊びの中にも、体育的なことに取り組むようにする。年長クラスと交流をすることで、遊びを広げる。歌やお話を聞きながら行事を味わえるようにする。
	第Ⅲ期	・お餅つき、節分、ひな祭り、お別れ遠足に参加する。	・行事に参加することで、季節を味わえるようにする。
食事	第Ⅰ期	・手づかみで食べる。 ・かむ音を楽しむ。	・スプーンを手渡す。 ・両耳に手を当て、音を感じ、よくかむことに気づかせる。
	第Ⅱ期	・友達といっしょに、自分の場所で落ち着いて楽しく食べる。 ・夏、食欲が落ちる。 ・スプーンを使い始める。 ・食材や味つけに好みが出て、お代わりする。	・食べる場所・保育者を固定することで、咀嚼・姿勢・食べるペース・好き嫌いを把握する。 ・ふりかけやおにぎりにして変化を楽しみ、味わえるようにする。 ・正しい持ち方ができるように、逆手になっていないか確認させる。 ・「欲しい」という思いを表現して食べるようにする。
	第Ⅲ期	・お茶碗に手を添えて食べる。 ・苦手な物も食べてみようとする。 ・保育者といっしょに配膳する。	・正しい持ち方・姿勢にするよう、そのつど声かけする。 ・一人ひとりに合った対応をすることで、少しでも食べられるようにする。 ・食事内容を事前に確認することで、主体的に食べることができるようにする。
排泄	第Ⅰ期	・おむつをしている。 ・昼間は、布パンツで過ごす。 ・友達がトイレに行くのを見て、いっしょに行く。	・おむつが濡れていないときや活動の変わり目にトイレに座らせ、排泄のタイミングが合うように誘う。 ・保育者間で個々の排泄の間隔を確認し、連携する。 ・トイレットペーパーで遊んだり、水をたくさん流してはいけないことを伝え、トイレの正しい使い方を示す。
	第Ⅱ期	・パンツに移行するが、失敗も多い。	・排泄の間隔が長くなってきた子どもにはパンツをはかせる。各自の間隔を把握して、トイレに行くことを誘う。家庭との連絡も取り、取り組みやすいようにする。
		・日中はパンツで過ごし、自分から尿意を告げる。	・タイミングを見て誘い、トイレに連れて行き、自分で座らせ、見守る。

	第Ⅲ期	・トイレに行き、自分で排泄しようとする。 ・トイレで遊ぶことが減ってくる。	・保育者は、関わりすぎないようにする。 ・保育者は、見守る。
睡眠	第Ⅰ期	・一人で寝る、抱っこしないと寝ない、そばにつかないと寝ない、すぐに目覚めるなどの子どもがいる。	・一人ひとりの睡眠のリズムを大切にする。基本的には、食べたら寝るという生活リズムを作り、決まった場所で一定時間寝ることができるよう、布団を敷く位置を固定する。
	第Ⅱ期	・睡眠時間は個人差が大きいが、一定時間しっかり寝る。	・よく寝るように、日中、活動量を増やす。
	第Ⅲ期	・自分から布団に入って保育者が寝させてくれるのを待って、一人で寝ることができるようになる。 ・早く目覚めたらパズルをして遊ぶ。	・子どもといっしょに布団を敷くことで、寝ることへ向かうようにする。 ・好きなようにさせる。
着脱	第Ⅰ期	・ズボン、パンツは、自分ではこうとする。 ・Tシャツも自分で着ようとするが、前後反対になることもある。	・毎日同じことを繰り返すことで、できるようになる。 ・自分でしたい気持ちを大切にして、手や口を出しすぎないように見守る。
	第Ⅱ期	・靴を一人で履こうとする。 ・着脱ができる子どもとできない子どもに分かれる。	・やろうとする気持ちを大切にし、励ます。左右を反対に履く場合には、正しい履き方を伝える。・どこまでできるか保育者間で確認し合う。できない子どもには着脱の手順を伝えるが、援助しすぎないようにする。家庭でも保護者の協力を得る。
	第Ⅲ期	・ズボン・パンツを一人ではけるようになる。靴下、靴がはけるようになる。 ・脱いだ服をたたむ。	・個々に応じて援助の仕方を変えることで、やる気を持ってできるようにする。前後・左右の声かけをして確認させる。 ・個別にたたみ方を伝える。
遊び	第Ⅰ期	・好きな遊び（ままごと、シール貼り、ブロック、電車つなぎ）を見つけて楽しむ。 ・戸外で、ヨーイドンと走ったり、戸板を登ったり、ダンボール箱を押したり、電車ごっこして楽しむ。 ・いろいろな感触遊び（水遊び、氷、小麦粘土、石鹸の泡等）を楽しむ。 ・砂場でいつまでも遊び続けている子どももいる。	・毎日の活動のリズムを作ることで、子どもが見通しを持ち、各自の遊びに取り組めるようにする。 ・戸外で走ることを増やすことで、遊びに変化を持たせる。 ・保育者が幼児の遊びに入り込みすぎないようにする。 ・無理には帰らせないで、納得するまで見守る。
	第Ⅱ期	・自分が思うように遊べないと、おもちゃの取り合いをしたり、かんしゃくを起こしたりすることがある。 ・友達と笑い合ったり、コミュニケーションをとるなど数人でいっしょに遊ぶようになる。 ・近くの公園へ散歩に出かける。	・落ち着いて遊ぶことができるよう、おもちゃの場所を固定したり、遊び方を変えるようにする。保育者の死角をなくし、おもちゃの配置を工夫する。かんしゃくを起こしている子どもといっしょに遊んで、遊びがスムーズにできるように、少し手伝うことで楽しさを伝え、落ち着かせて、自分の力でできるようにする。 ・子どもどうしで遊べるように見守る。子どもの動きや関係を把握し、保育者の動きを整える。 ・ひたすら走ったり、丘を登ったり下りたりすることで、体を思い切り使って遊ぶようにする。
	第Ⅲ期	・2歳児のクラスに行き、1歳児のクラスにないパズルやブロックで喜んで遊ぶ。 ・自分でおもちゃを取り出して遊ぶ。 ・散歩には、バギーに乗る子どもと、保育者と手をつないで歩く子どもに分かれる。 ・近くの公園で追いかけっこやボールで、体を思い切り動かす。	・春の進級に備えて、2歳児の部屋で交流して遊ばせる。 ・ブロックを色分けして片づけやすくする。遊びに飽きて扱いが雑にならないよう、設置場所を変化させ、おもちゃを充実させる。 ・脚力を付けるためしっかり歩くことを心がける。 ・ボールで遊ぶことで、体全体のバランスや使い方を確認する。

（筆者作成）

図表3　1歳児保育の全日指導案の例

時間	生活	子どもの活動	保育者の援助・配慮
7:00	登園 早朝保育	・順次登園する。 ・朝の挨拶をする。	・子どもたちが安全に気持ちよく過ごせるように、園内清掃、安全確認をしておく。 ・笑顔で一人ひとりの子どもと挨拶を交わし、視診を行う。早朝担当保育者は、保護者から子どもの様子について聞く。
8:00	随時登園 遊び	・挨拶する。 ・身支度をする。 ・好きな遊びをする。	・一人ひとりと挨拶を交わし、気持ちよく安心して一日の始まりを迎えるとともに、一人ひとりの様子に目を向け、表情や動き、傷の状態など視診を行う。同じ保育者が関わって、安心の拠点を作るようにする。抱っこして落ち着かせる。早朝担当者は、保護者からの連絡をクラス担任に伝える。 ・一人ひとりの子どもに合わせて、保育者や保護者が手助けをする。 ・危険がないように注意して、子どもが好きな遊びをするのを見守る。子どもたちが遊びに取り組んだり、繰り返し挑戦している姿を見守り、環境を工夫したり、言葉かけをしたりする。
8:50		・片づける。 ・排泄し、オムツ支援する。	・保育者が片づける姿を示し、いっしょに片づけるよう声かけする。
9:00	朝の集い	・点呼を受ける。 ・音楽に合わせて体を動かす。 ・絵本の読み聞かせを聞く。 ・排泄し、オムツを交換する。	・一人ひとり心をこめて名前を呼ぶ。出欠状況や一日の予定などを子どもたちといっしょに確認し、見通しを持って生活できるようにする。 ・CDを準備する。 ・絵本を準備する。 ・一人ひとりに合わせて対応し、気持ちよくなったことを喜ぶ。
9:50		・検温する。	・体調を確認する。
10:00	クラス 活動	・小麦粘土で遊ぶ。	・存分に遊べるように、床にシートを敷く。小麦粘土の固さを調節し準備する。汚れた手を拭くために、濡れぞうきんを準備する。保育者も子どもたちといっしょに、粘土を丸めたり、ちぎったりして、いろいろな形を作り、感触を楽しめるように配慮する。一人ひとりの制作を捉え、子どもの話に耳を傾け受け止める。
10:45		・片づける。手を洗う。	・順番に手を洗えるように声かけし、手の洗い方、石けんの付け方、水道の出し方を示しながら、自分でできるように示す。
10:50		・排泄し、オムツを交換する。	・一人ひとりに合わせて対応し、気持ち良くなったことを喜ぶ。
11:00	給食	・席に着く。 ・エプロンをしてもらう。 ・「いただきます」の挨拶をする。 ・給食を食べる。 ・「ごちそうさま」の挨拶をする。	・決められた席に着くように促す。 ・声かけしながら、保育者が手助けをする。 ・保育者が一人ずつに声をかけて、挨拶するよう促す。 ・子どもが集中して食べるように声かけする。手づかみの子どもにスプーンを渡して、正しく持てるように指導する。 ・保育者が一人ずつに声をかけて、挨拶するよう促す。
12:20		・排泄し、オムツを交換する。	・一人ひとりに合わせて対応し、気持ちよくなったことを喜ぶ。
12:30	午睡	・寝間着に着替える。 ・午睡する。	・声かけしながら保育者が手助けをするところを見極める。 ・一人ひとりの睡眠のリズムを大切にする。基本的には食べたら寝るという生活リズムを作り、決まった場所で一定時間寝ることができるよう、布団を敷く位置を固定する。
14:20		・排泄し、オムツを交換する。	・一人ひとりに合わせた対応をし、気持ちよくなったことを喜ぶ。

時刻	活動	子どもの活動	保育者の援助・配慮
14:30	おやつ	・手を洗う。	・順番に手を洗えるように声かけし、手の洗い方、せっけんのつけ方、水道の出し方を示しながら、自分でできるようにする。
15:00		・給食室へ保育者とともにおやつを取りに行く。 ・席に着く。 ・エプロンをしてもらう。 ・「いただきます」の挨拶をする。 ・おやつを食べる。	・保育者が給食室におやつを取りに行くように誘う。 ・決められた席に着くように促す。 ・援助しすぎないで、一人ひとりできる部分を決める。 ・保育者が一人ずつに声をかけて、挨拶するよう促す。 ・子どもが集中して食べるように、声かけする。
15:40 16:40	遊び	・好きな遊びをする。 ・排泄し、オムツ支援する。	・一人ひとりの取り組みを見守り、安全に注意して遊べるようにする。
16:50	随時降園	・「さようなら」の挨拶をする。	・保育者が一人ずつに声をかけて、明日への期待が持てるように心をこめて挨拶する。
17:00	延長保育	・点呼を受ける。 ・好きな遊びをする。	・延長担当保育者は、担任から子どもの様子について報告を受ける。 ・危険がないように注意して、子どもが好きな遊びをするのを見守る。
19:00	降園	・降園する。	・一人ひとりと挨拶を交わし、子どもの表情、顔色、体調の変化に気をつけ、保護者を確認して挨拶する。

(筆者作成)

択肢を与えることで、自己欲求感を満たすことができるようにすることが望ましい。

⑤言語発達が盛んになり、自分の名前や身近なもの、人の名前を言うことができるようになる。さらに、理解できる言葉の数も増える。そこで、保育者は第1に、一人ひとりの子どもの言うことに注意深く耳を傾けること、第2に、子どもに繰り返し話しかけること、第3に、一人ひとり興味のある絵本を見極め、読み聞かせをすることで、関心の幅を広げることにより、常に豊かな言語環境に配慮する。

第3節　2歳児の発達と指導計画

1．2歳児の発達の特徴

2歳児は、「自律」から「自発性」へと向かっていく段階として、自我がますます強くなり、自分で全てのことをしたがるので、何事に対して

図表4　2歳児の保育のねらい

年間のねらい		・保育者が子どもの思いに寄り添い、ありのままの姿を受容することによって、子どもの自己肯定感を育む。 ・保育者に支えられながら、生活に必要な言葉などの表現の幅を広げる。 ・集団の中で、一人ひとりが大切にされながら、それぞれの力が発揮できる関係を作る。 ・クラスが交流する中で、友達関係を広げる。
各期のねらい	第Ⅰ期	・新しい生活に慣れ、自分の生活の拠点が分かり、安定して生活する。 ・友達や保育者と安心できる関係を作る。 ・保育者との関わりの中で、主体的に生活する。 ・自分らしさを大切にしながら、友達といっしょに生活する。
	第Ⅱ期	・行事に参加したり、自然と触れたりしながら、さまざまな経験をする。 ・好きな遊びを選んで、じっくりと取り組む。 ・全身をたっぷりと使い、友達と遊ぶ楽しさを知る。
	第Ⅲ期	・自分でしようとする気持ちを大切にしながら、できたことを喜び、自信へとつなげていく。 ・保育者が子どもの思いを共感することにより、安心して生活し、充実した毎日を送る。 ・他のクラスとの交流を通して、生活の幅を広げる。

(筆者作成)

図表5　2歳児の保育指導計画の例（部分）

生活	時期	子どもの姿	保育者の配慮
行事	第Ⅰ期	・お誕生日会、子どもの日、母の日、交通安全、歯の週間、父の日、七夕を友達とともに楽しむ。	・行事の中で折り紙やのりを使って制作したり、絵を描く。のりを指に付ける方法を伝え、用具の扱い方に慣れる。
	第Ⅱ期	・お誕生日会、運動会、感謝祭、生活発表会、子ども祭り、クリスマスに参加する。 ・園外保育では、体を思い切り動かし、よく歩き、走る。	・行事に参加し、年長児が作った遊具で、遊びを楽しむ。行事を通して、遊びに変化を持たせる。 ・遠くへ出かけることで、自分でできることを増やし、自信を持たせる。
	第Ⅲ期	・お誕生日会、お餅つき、節分、ひな祭り、お別れ遠足に参加する。 ・節分の豆まきを楽しむ。おひな様を飾り歌を歌う。	・行事に参加することで他クラスと交流し、遊びの幅を広げ、季節を味わえるようにする。 ・鬼のお面やお雛さまを制作することで、行事を迎える喜びを味わえるようにする。
食事	第Ⅰ期	・着替え、排泄、手洗いをして食卓に付く。 ・食前・食後の挨拶をし、友達や保育者といっしょに、決められた場所で楽しく食べる。 ・歯ごたえや味を楽しむ。 ・食器の後片づけができる。 ・友達を選んで食べるようになる。 ・台拭きでお手伝いができる。	・食事前のリズムを作ることで、自分で食卓に付くようにする。 ・みんなといっしょに食べることにより、お互いの様子を見ながら、会話も弾み、楽しく食事できるようにする。スプーンの持ち方や姿勢に気をつけ、肘をついたり足を広げるなどの悪い姿勢は、そのつど注意する。 ・子どもの前で盛り付けることで、家庭的な雰囲気を出し、メニューや食材を知らせるようにする。 ・片づける場所を決めることで、自分でできることを増やす。 ・慣れてくると、自由に席を選べるようにする。 ・自分でできることは自分でさせて、自信を持たせる。
	第Ⅱ期	・姿勢、スプーンの持ち方に注意して、友達や保育者といっしょに楽しんで食べることで、苦手なものも食べようとする。思いを伝えたり楽しく集中して食べる。 ・好きな場所に自分のいすを運んで座る。	・食事の準備をいっしょにすることで、食べる意欲を誘い、主体的に関わる喜びを味わえるようにする。 ・席を自由にすることで、席の取り合いにならないよう、誘い合って席に着くように声かけする。

	第Ⅲ期	・食事の準備や片づけをいっしょにする。タオルも自分でを準備し、食後口を拭き、鏡で確認する。 ・給食を運んで準備し、自分で食器を片づける。 ・グループごとに、食前・食後の挨拶をしていっしょに食べる。 ・嫌いなものでも食べてみる。	・励ましながら、自分でできることを増やすようにする。 ・自分で給食を運び、準備ができたらいっしょに食べ始める、後片づけまでできるように練習をする。 ・グループごとに席を決めることで、仲間意識を引き出せるようにする。 ・盛り付ける量を自分で決めて、残さず食べるようにする。お代わりもすることで、自分で食べる量を調整できるように見守る。好き嫌いや偏食をしないように援助する。
排泄	第Ⅰ期	・オムツからパンツへ移行する。 ・日中、布パンツで過ごす。 ・遊び込んだり、タイミングが合わず、失敗することもある。 ・トイレで大便もできる。 ・ズボンやパンツを全部は脱がずにできる。 ・自分で出る感覚が分かるようになる。 ・トイレットペーパーを使う。	・保育者間で連携をとりながら、個人差を共有し、一人ひとりに合わせた援助をする。 ・保護者とも連携をとりながらタイミング良く進めることで、自信を持たせる。 ・活動の前後や様子を見て、声かけして誘う。 ・大便のときは保育者に知らせ、後始末する。 ・トイレの使い方、後始末の仕方を援助して、自分でできるように援助する。
	第Ⅱ期	・活動前にトイレに行く。排尿、排便の感覚が分かり、自分で行く。 ・男児は立って、女児はズボンとパンツを脱がずに、ずらしてする。 ・トイレトレーニングを完成することで、自信を得る。	・排泄のリズムがつかない子どもには、家庭と連絡を取って、根気強く声かけをして、自信をつけられるよう援助する。 ・自分でできるという自信を持たせるようにする。 ・自己肯定感や自主性を育む。
	第Ⅲ期	・自分で排尿・排便が分かり、トイレに行くことができる。	・自分でトイレへ行くことを習慣化する。まだ自立できない子どもについては、家庭とも連携しながら、個別対応する。
睡眠	第Ⅰ期	・食事後、遊んで、着替えて、排泄をして布団に入るという生活リズムに慣れる。	・保育者がそばについて、CDや素話をして、睡眠を促すと一人で寝る習慣をつける。布団を敷く場所を固定し、保育者間で連携して、子どもが見通しを持って動けるようにする。
	第Ⅱ期	・パンツで寝ることができる。おねしょシーツを使う子どももいる。	・保育者間で連携をとりながら、個人差を共有し、一人ひとりに合わせた援助をする。
	第Ⅲ期	・決められた時間に自分の布団に入って、一定時間一人でぐっすり寝る。 ・布団運びを手伝う。	・寝る場所と遊ぶ場所を変えることで、気持ちを切り替えることができるようにする。時計に印をつけ、寝る時刻を知らせる。 ・布団を運ぶ様子を見て、いっしょに手伝うようになる。
着脱	第Ⅰ期	・自分で前後を確認する。 ・少しの援助で自分で着替えることができる。 ・一人で着替えの出し入れができる。	・服に前後があることを伝える。 ・自分で着脱できた達成感を持てるように声かけする。 ・保育者に着せてもらうのを待っていたり、ふざけて着ない場合は、少し援助をして、できるまで声かけをして見守る。
	第Ⅱ期	・汚れたときは自分で着替えるようになる。自分で服の調節ができるようになる。 ・一人で着脱ができるようになる。自分で靴下もはく。	・自分で着る意欲を大切にし、援助しすぎないよう、側で見守る。 ・そのときの気分により、着ようとしない場合は、声かけの仕方を工夫したり、家庭の様子を聞くことで、連携をとりながら見守る。
	第Ⅲ期	・自分で着替え、脱いだ服をたたむ。	・意欲を出して着ることができるように、着方を伝える。袖を持って着るコツやたたみ方を伝える。脱いだ服をたたんで、袋に入れるようにさせる。

清潔	第Ⅰ期	・手洗いをする。 ・食後、おやつ後に、口の周りをタオルで拭く。鼻が出ているときは自分でかむ。汗をかいたり、汚れたら自分で着替える。	・活動後、給食前、おやつ前、トイレ後の手洗いを習慣づける。保育者が付いて水の出し方、石けんでの洗い方、ペーパーの使い方を伝える。「手洗いの歌」を歌って、手洗いを楽しみながら習慣づける。 ・自発的に、自分のことは自分でできるように見守る。換気、室温、乾燥、消毒に気をつける。
	第Ⅱ期	・外遊び後、ガラガラうがいをする。給食、おやつ後はブクブクうがいをする。 ・トイレ後、食事前、おやつ前の手洗いをする。	・うがいを習慣づける。 ・トイレの後の手洗いを確認する。
	第Ⅲ期	・手洗い、うがいの習慣ができる。鼻は自分でかむ。	・「手洗いの歌」で洗い方を理解させ、手洗いをすることの大切さに気づかせる。
遊び	第Ⅰ期	・構成、ごっこ、手先の遊び（パズル、ひも通し、ビーズ指し）、プール遊び、水遊び、どろんこ遊び、色水ごっこ、洗濯ごっこ、フィンガーペインティング、ボディペインティング、金魚すくい、スーパーボールすくいなどを楽しむ。 ・戸外を散歩して、近くの公園で自然を楽しむ。	・遊びを選択できるように、子どもの動線を配慮して、遊具の配置を見直す。 ・駆けっこや遊具で遊ぶことで、思い切り体を動かすようにする。
	第Ⅱ期	・ままごと、ブロック、汽車レール、運転ごっこ、絵本、パズル、手先の遊び（ビーズさし、棒さし）、磁石での構成遊び、ボタン止め、洗濯ばさみ、ひも通し、人形の世話など、遊びが多様化して、友達関係が複雑になる。 ・幼児クラスと交流したことで、構成遊び、折り紙、ままごと遊びに興味を持つ。 ・目的地を目指して、手をつないで散歩に行く。 ・箱に上ったり、跳んだり、走ったりする。	・遊びの種類を増やし、遊びの環境を見直すことで、固まって遊ばないように配慮する。特に、お人形の世話遊びは、弟妹がいる子どもが興味を持つので、家庭での生活が遊びに生きるように工夫する。 ・幼児クラスと交流することで、遊びの刺激を受ける。 ・歩くことに慣れると距離を延ばすことで体力を付けるようにする。 ・思いっきり全身を使って遊ぶことができるよう、歩く、走る、跳ぶ、投げることを楽しむ。順番に並んで待つことができるように配慮する。
	第Ⅲ期	・好きな遊び（ままごと、お人形の世話遊び、積み木、ブロック、汽車レール、パズル、カルタ、手先の遊び、絵本）を選んで取り組み、じっくりと遊ぶ。 ・体育遊び（斜面登り、ジャンピング、平均台）を楽しむ。	・安全に配慮して見守る。 ・体作りや体をコントロールしていくことを遊びの中で取り入れる。

（筆者作成）

も「自分で」と言う一方、保育者や周りの友達から何かすることを要求されると、「イヤ」を連発することになる。「あれもいや」「これもいや」という言葉を多発する時期であるので、「イヤイヤ期」と呼ばれるゆえんである。1歳半頃から芽生えてきた自我が、育つにつれて顕著に現れる第1次反抗期と言ってもよい。自分で「やりたいこと」や相手に「してほしいこと」を言葉で表現する力が未熟なので、例えば、保育者が絵本の読み聞かせをすると、「モット（読んでほしい）」、「モット（〜

したい）」という短い言葉で自分の要求を盛んに言うようになる。したがって、だだをこねたりかんしゃくを起こしたりして、友達どうしの「かみつき」、「ぶつかりあい」や「もめごと」が増える時期でもある。保育者は、子どもの「イヤ」を、頭ごなしに「ダメ」と禁止したり、他方そのまま受け入れて放置するのではなく、どのように向き合えば、3歳児の「自発性」へつながるのかを考えて、援助することが求められる。

2. 2歳児の保育指導計画

このような2歳児の発達段階にふさわしい保育指導計画を立案するために、考慮すべき事項を「一覧表」の形で整理したのが「2歳児の保育のねらい」（**図表4**）と、「2歳児の保育指導計画」（**図表5**）である。保育者は、次に挙げる発達と安全への配慮・援助が望まれる。

①子ども一人ひとりが安心してやりたいことに取り組めるよう、安全な環境を確保すること。2歳児は、運動機能が発達して行動範囲が広がるので、何でも積極的にやろうとする反面、怖いもの知らずで、手加減・力加減がまだ備わっていない。保育者が「ヒヤリ、ハット」する場面に出会うことが多々ある。保育者は、子どもの遊んでいる範囲ごとに見守る位置を決め、事前に「ヒヤリ、ハット」事例の認識を共有して、大きな事故に発展しないよう、未然に防ぐ配慮が必要である。

②「自律」の完成期に向けて、基本的生活習慣への意欲を引き出し、トイレットトレーニングを完了できることを目指すこと。

③保育者が遊びを援助しながら、保育者と子どもの一対一の関係だけではなく、3歳児に向けて子どもどうしの関係を少しずつ育むように援助すること。

④「イヤ」と言う子どもの自己主張を受け止め、「イヤ」には多様な意味があることを理解し、「自分でやりたい」「嫌い」「自分で選びたい」「やりたくない」など、なぜ「イヤ」といっているのか、保

育者が考えることで、「自発性」への第一歩を援助すること。子どもどうしのもめごとやぶつかり合いに際しては、一人ひとりの「思い」をくみ取り、受け止め、「言葉」で「翻訳」しながら子どもどうしをつないでいくことが求められる。

⑤「自発性」に向けて、人間としての基本である五感（見る、聞く、触れる、味わう、匂いを嗅ぐ）の働きを豊かにするような遊びを工夫し、変化を持たせること。

⑥保育所は集団保育の場であるので、特定の保育者との絆が確立することによって安定した生活ができるようになることを基盤として、多様な保育者や子どもどうしとも少しずつ関われるようにしていくこと。

⑦言葉の発達が盛んになり、友達とのやり取りが活発になり、二語文が自由に使えるようになる。絵本の読み聞かせや素話などをして、言葉の持つイメージを豊かにしながら、保育者と子ども、子どもどうしの会話等ができるよう、意識的な場面設定を試みることにより、常に豊かな言語環境を構築できるよう配慮する。

【引用・参考文献】

今井和子監修『1歳児の育ち事典』（教育技術Mook）小学館、2009年

E・H・エリクソン、H・Q・キヴニック、J・M・エリクソン（朝長正徳・朝長梨枝子訳）『老年期――生き生きしたかかわりあい』みすず書房、1990年

E・H・エリクソン（西平直・中島由恵訳）『アイデンティティとライフサイクル』誠信書房、2011年

NPO法人こころの子育てインターねっと関西BPプロジェクト編『親子の絆づくりプログラム　赤ちゃんがきた！』BP-Japan、2011年

第8章 幼児の指導計画の実際（保育所）

岩崎　桂子

第1節　保育の基本

　保育所保育指針は2008年3月に改定され、新たに厚生労働大臣による告示となった。今回の改定の大きな特徴の一つは、「第4章　保育の計画及び評価」に、「保育課程」が位置づけられたことである。これは、従来「保育計画」と呼ばれていたものである。社会の変容とともに、子どもを取り巻く環境の変化、少子化、育児の困難さも存在する現在に対応して、養護と教育の間に、より一貫性のある保育を行うことが求められている。さまざまな社会の変化に対して、保育所の現状もまた急速に変化することが求められている。

1. 保育における養護と教育の一体性

　保育所での保育の特徴は「養護と教育を一体的に行う」という点である。教育は幼稚園で行い、保育所は子どもを預かる所というイメージが持たれがちである。しかし、保育は養護と教育を含むものとして、長年行われてきた。児童福祉施設の設備及び運営に関する基準（旧・児童福祉施設最低基準）第35条にも、「保育所における保育は、養護及び教育を一体的に行うことをその特性とし……」と明記されている。保育と教育は別々に存在するものではなく、保育の中に教育があると考えられる。保育者は、子どもの養護と教育を担う存在であり、保育には養護的側面と教育的側面があることを、保育所保育指針から理解していかなければならない。

　『保育所保育指針解説書』には、「保育には、子どもの現在のありのままを受け止め、その心の安定を図りながらきめ細かく対応していく養護的側面と、保育士等としての願いや保育の意図を伝えながら子どもの成長・発達を促し、導いていく教育的側面とがあり、この両義性を一体的

図表1　養護と教育の関係性

ねらい
子どもが安定した生活を送り、充実した活動ができるよう
○保育士等が行わなければならない事項
○子どもが身につけることが望まれる心情・意欲・態度などの事項

内容
ねらいを達成するために
○子どもの生活やその状況に応じて保育士等が適切に行う事項
○保育士等が援助して子どもが環境に関わって経験する事項

「ねらい」および「内容」を具体的に把握するための視点として「養護」と「教育」の両面から示すが、実際の保育においては、養護と教育が一体となって展開することに留意することが大切

養護
子どもの生命の保持および情緒の安定を図るために保育士等が行う援助や関わり

教育
子どもが健やかに成長し、その活動がより豊かに展開されるための発達の援助

生命の保持
情緒の安定

子どもの生活や遊びを通して相互に関連を持ちながら総合的に展開

健康
人間関係
環境
言葉
表現

出典：[今井ほか、2010] を基に作成

に展開しながら子どもと共に生きるのが保育の場である」とされている（**図表1**）。保育とは必ずしも正解のあるものではない。だからこそ日々、保育実践の中で養護と教育の具体的展開を検証し、その一体性を確認する作業の積み重ねにより、よりよい保育を実践できるのである。

2. 5領域との関わり

　乳幼児の保育が学校における教科学習と異なる点は、乳幼児期の子どもの特徴を踏まえ、子どもの生活全体を視野に入れ、保育の環境を通して行う点にある。教師が提示した知識・内容を覚えるといった学習ではなく、子ども自身の主体性を重視し、周囲との環境に関わる中から育ちを促し、生活・遊びを通して感じたり、想像したり、考えたりすることで発達を捉えていくのである。こうした経験による学びは乳幼児期には

欠かせないものであり、今後の生きる力の基礎となる。

このため、保育者は子どもの興味・関心を踏まえ、その発達過程において留意して環境構成を行うことが重要である。環境設定を行う際に重要な点として、全項で述べた「養護と教育の一体性」がある。保育所保育指針「第3章　保育の内容」では、「『養護』とは、子どもの生命の保持及び情緒の安定を図るために保育士等が行う援助や関わりである。また、『教育』とは、子どもが健やかに成長し、その活動がより豊かに展開されるための発達の援助であり、『健康』、『人間関係』、『環境』、『言葉』及び『表現』の5領域から構成される」とある（**図表2**）。この5領域と「生命の保持」「情緒の安定」を子どもの生活・遊びを通して総合的に展開されるものとしている。

図表2　5領域とそのねらい

健康	健康な心と体を育て、自ら健康で安全な生活をつくり出す力を養う。	ねらい	①明るく伸び伸びと行動し、充実感を味わう。 ②自分の体を十分に動かし、進んで運動しようとする。 ③健康、安全な生活に必要な習慣や態度を身に付ける。
人間関係	他の人々と親しみ、支え合って生活するために、自立心を育て、人と関わる力を養う。		①保育所生活を楽しみ、自分の力で行動することの充実感を味わう。 ②身近な人と親しみ、関わりを深め、愛情や信頼感を持つ。 ③社会生活における望ましい習慣や態度を身に付ける。
環境	周囲の様々な環境に好奇心や探究心を持って関わり、それらを生活に取り入れていこうとする力を養う。		①身近な環境に親しみ、自然と触れ合う中で様々な事象に興味や関心を持つ。 ②身近な環境に自分から関わり、発見を楽しんだり、考えたりし、それを生活に取り入れようとする。 ③身近な事象を見たり、考えたり、扱ったりする中で、物の性質や数量、文字などに対する感覚を豊かにする。
言葉	経験したことや考えたことなどを自分なりの言葉で表現し、相手の話す言葉を聞こうとする意欲や態度を育て、言葉に対する感覚や言葉で表現する力を養う。		①自分の気持ちを言葉で表現する楽しさを味わう。 ②人の言葉や話などをよく聞き、自分の経験したことや考えたことを話し、伝え合う喜びを味わう。 ③日常生活に必要な言葉が分かるようになるとともに、絵本や物語などに親しみ、保育士等や友達と心を通わせる。
表現	感じたことや考えたことを自分なりに表現することを通して、豊かな感性や表現する力を養い、創造性を豊かにする。		①いろいろな物の美しさなどに対する豊かな感性を持つ。 ②感じたことや考えたことを自分なりに表現して楽しむ。 ③生活の中でイメージを豊かにし、様々な表現を楽しむ。

出典：保育所保育指針（第3章）を基に作成

実際の保育現場では、養護と教育（5領域）を明確に分けて保育を行うことは不可能である。子どもの生活・遊びには、さまざまな場面で各領域が重なり合い活動が展開されている。子どもがさまざまな経験を体験し、生きる力を身につけるためには、一人ひとりの発達・特徴を踏まえたうえで見通しを持った保育計画が必要不可欠となるのである。

第2節　保育指導計画

1．子どもの実態から保育を計画する

　保育所には、0歳から6歳までと幅広い年齢の子どもが存在し、園での生活時間も8～12時間程度と長期間・長時間を集団で過ごす子どもも多く、今後、保育形態はますます多様化していくと予想される。そのため、保育者の社会的責任が問われている。保育に携わる者として、積み残してはいけない発達課題は何かを考えて指導計画を立てることが求められている。子どもの育ちに必要な「心情」「意欲」「態度」を生活や遊びを通して育てていくためには、どのような環境設定が必要かという視点が大切である。また、年齢によっても変化してくる。5歳児の場合は、小学校への移行が円滑になるように指導計画を工夫することが求められる。

　計画を立てる意味として、発達の見通しを持つという点がある。子どもたちが示す発達の道筋は、大まかに見ると同じである。この道筋を念頭に置きながら計画を立てる必要があり、子ども一人ひとりの発達段階に重点を置き、長い見通しの中で子どもにどのような意味を持つのかを読み取っていく。この作業こそが発達の保障につながるのである。

2. 保育所での年間計画の事例（図表3）

年間指導計画は、年度末か年度初めに作成されることが多い。年間指導には季節・行事、遊びの展開などによって区分された時期や月ごとの

図表3　3歳児の年間指導計画

保育目標	基本的生活習慣が身につき、楽しく生活する。 遊びのルールを覚え、友達と関わり、相手の気持ちを考えながら楽しく遊ぶ。	
年間区分	Ⅰ期（4月～6月）	Ⅱ期（7月～9月）
ねらい	○新しい環境に慣れ、できることは自分でやろうとする。 ○好きな遊びを十分に楽しむ。	○友達との関わりを楽しみながらルールを覚える。 ○行事参加により集団行動ができ、活動に集中する。
養護　生命	○環境の変化から不安を感じた行動が見られるようになるので、個々の発達を把握する。	○遊びを満足させるための環境への安全、事故防止に留意する。
養護　情緒	○できることは、時間がかかっても見守り、自信につなげる。	○友達との関わりの中で、自己抑制や社会性を体験し、知識を身につける。
教育　健康	○友達の存在を意識しながら、平行遊びを楽しむ。 ○戸外でさまざまな遊びを行う。	○固定遊具や玩具を友達と工夫して遊ぶ。 ○運動会の練習を通して心身ともに豊かになる。
教育　人間関係	○保育者がそばにいることで情緒の安定を得る。	○老人と関わることでいたわりの気持ちを感じる。
教育　環境	○戸外遊びを十分に楽しみ、満足感を得る。	○自分が体験したことを感性として身につける。
教育　言葉	○言葉での表現が未熟なため、友達とのトラブルが起こる。	○保育士や友達との会話、絵本の読み聞かせにより言葉を習得し会話を楽しむ。 ○疑問を言葉で聞こうとする。
教育　表現	○気に入った遊びを繰り返し楽しむ。	○行事を通して友達と協力する。
食育	○アレルギーのある子どもに対して適切な対応を行う。 ○野菜の栽培を行う。	○食事のマナーや箸の持ち方を覚える。 ○クッキング活動を楽しみ、料理に関心を持つ。
健康・安全	○交通安全指導・内科検診。	○歯科検診・避難訓練。
環境設定	○園の内外設備点検。	○感染症予防。
配慮事項	○個人差に配慮しながら、環境に慣れていく。	○さまざまなことに興味・関心が向くように積極的に活動できるよう、十分に声かけを行う。
保護者等への支援	○育児相談・保健だより・給食献立等で状況を知らせる。	○連絡帳を活用し、保護者との連携を図る。
行事	○入園式・遠足・発育測定・誕生日会。	○プール・夕涼み会・保育参観・発育測定・誕生日会。
保育士の自己評価	○新しい環境ということで、個々の状況に配慮して生活を送った。まだ、クラス全員で、活動に取り組むには時間がかかる。	○日常生活、行事を通してクラスに落ち着きが見られてきた。今後は、より活動に集中できる時間や環境構成を工夫したい。

詳細な指導計画もある。代表的なものは、Ⅰ期（4月～6月）、Ⅱ期（7月～9月）、Ⅲ期（10月～12月）、Ⅳ期（1月～3月）がある。それぞれの時期の目標を立てることで、その後の計画が立てやすくなる。

	園長	主任	担当
Ⅲ期（10月～12月）	Ⅳ期（1月～3月）		
○友達との関わりが深まり、仲よしの友達ができる。 ○表現が上手になり、生活力が育つ。	○身体的成長を含め、進級に期待が持てるようにする。 ○生活習慣が身につき、自分で行動する。		
○快適な生活を覚え、安心して集団生活が過ごせるように留意する。	○遊びを通して生活への自発性が豊かになる。		
○友達や保育士との信頼関係を基に、気持ちを伝え合う。	○物事に意欲を持って取り組む。		
○手洗い、うがいを行い、病気の予防をする。 ○基本的生活習慣が身につき生活を送る。	○自分自身の成長を感じる。 ○避難訓練を通して安全管理を覚える。		
○友達との関係で我慢することを覚える。	○進級する喜びを知る。		
○自然に心を動かしながら、保育者や友達と共感し関心を持つようになる。	○自然の動物を観察して、命の大切さを知る。		
○行事を通して言葉の模倣遊びを楽しみ、言葉の意味を理解する。	○自分の考えを言葉にし、表現する。		
○運動機能が高まり、楽器遊びやリトミックを楽しむ。	○経験から、絵での表現がうまくなる。 ○季節の遊びを通して解放感が生まれる。		
○食材の名前を覚える。	○食事の大切さを知る。		
○避難訓練	○交通安全指導・内科検診。		
○伝統行事に参加する。 ○気温差に注意し、こまめに換気を行う。	○看護師による薬品点検。		
○自然の中で遊び、五感の成長を促す。	○進級に向けて喜びを共感する。		
○時期に応じて感染症予防を呼びかける。	○成長・発達に関し、アドバイスを行う。		
○お楽しみ会・クリスマス会・発育測定・誕生日会。	○豆まき・保育参観・お別れ会・卒園式・発育測定・誕生日会。		
○友達の行動を認めて、グループ活動が行えるようになってきた。特定の友達だけでなく、他の友達との関わりの場を持ちたい。	○進級に向けて期待を持たせることができた。進級に不安を持つ子どもや保護者に対して、個別の対応を心がけた。		

出典：［保育総合研究会、2010］を基に作成

3. 保育所での月間指導計画の事例（図表4）

月間指導計画を作成するうえで、一つの目安となるのが行事である。行事を成功させるための環境構成や、行事を通してのねらいを達成する

図表4　5歳児月間指導計画

月のねらい	○年長組になった喜びを感じて意欲的に取り組む。 ○新しい環境に慣れて、身の回りのことを進んで行う。		行事	4/1　入園式 4/10　誕生日会 4/12　交通安全教室 4/25　遠足 4/30　保護者会
子どもの姿	○年長児になったことを喜び、自信を持って取り組む。 ○仲のよい友達と楽しく遊ぶ。		環境・構成	
養護	生命	○家庭での様子を話し、快適に生活できる。 ○新しい担任と信頼関係を築き、自信を持って生活を送る。	○保護者との話し合いができるよう、体制を整える。 ○個々の生活リズムを把握する。	
	情緒	○保育士や友達に自分の要求を伝えながら、安心した生活を送る。	○安心してゆっくり過ごせる環境を整える。	
教育	健康	○戸外で元気に体を動かして遊ぶ。 ○自然に触れ、のびのび遊ぶ。	○十分に遊べるスペースや遊具を確保する。	
	人間関係	○新しい担任に慣れ、親しみを持って関わる。 ○仲のよい友達と、好きな遊びを自由に行う。	○遊びが十分に展開できるように設定しておく。	
	環境	○身近な自然に関心を持って関わる。	○園庭、クラス内の環境を整える。	
	言葉	○生活に必要な挨拶を身につける。 ○意思疎通ができる。	○絵本、紙芝居などから言葉を習得していく。	
	表現	○友達といっしょに歌ったり、体を動かして遊ぶ。	○季節に歌や手遊びを取り入れて、毎日繰り返し行う。	
食育		○保育者や友達といっしょに楽しく食事を行う。	○グループなどを工夫しながら、楽しい雰囲気を作る。	
健康・安全		○交通安全のため、交通ルールを知る。	○散歩などの際には、信号の見方などを伝えていく。	
自己評価		○新しい環境に戸惑い、不安定になる子もいたが、毎日の生活の中で徐々に落ち着きを取り戻していた。個々の変化に気づくことができるよう、余裕を持って接する必要があった。		

ための方法を考慮すると、その月での子どもの動きが見えてくる。また、現在の保育の位置づけを確認することで、長期的な見通しを持って保育することが可能になる。

		園長	主任	担当
保護者支援	○年長組になり期待や不安があると思われるので、送迎時、連絡帳を通して、意見交換を積極的に行う。 ○保護者会を行い、多くの参加を呼びかける。			

予想される子どもの活動	配慮事項
○生活の流れが分かり、自分たちで進んで活動準備、片づけを行う。 ○園生活での決まりを守りながら過ごす。	○家庭との連絡を密に取り、子どもの様子を把握する。 ○自分に自信が持てるよう、褒めたり励ましたりして行動する。
○年長児としての自信と自覚を持ちながら行動する。 ○自分の要求を伝え、意欲的に活動したり生活を送る。	○個々に目を配り、適切な声かけを行う。
○固定遊具で遊んだり、のびのび体を動かして遊ぶ。	○危険な行動が起きないよう、十分に見守り、安全に配慮する。
○新しい担任に慣れ、仲のよい友達を誘って遊ぶ。	○個々の話をじっくりと聞き、明るく接する。
○花や虫に関心を持ち、友達どうしで観察する。	○散歩などを通して、身近な自然に触れる機会を持つ。
○元気にはっきりと話せる子どももいるが、適切な単語が出てこない子どももいる。	○保育者自身がはっきりと大きな声で、適切な言葉で話す。
○手遊びや歌を楽しみ、リズムに合わせて体を動かす。	○手遊びや歌から一人ひとりがイメージを持って取り組めるように配慮する。
○グループで楽しく食事をして、食事に関する会話を楽しんでいる。	○きれいに食べたことを褒め、食材に対して関心が向くように給食の紹介を行う。
○お巡りさん等の話を落ち着いて聞く。	○交通ルールについて繰り返し知らせて、身につくようにしていく。
子どもの評価	○意欲的に活動する子どもが多い中、新しい環境に慣れず、不安定な子どもの姿が見られた。 ○生活ルールは分かっていても、なかなか守ることができずにトラブルが多く見られた。

出典：[保育総合研究会、2010] を基に作成

4. 保育所での週間指導計画の事例（図表5）

週間指導案（週案）は月間指導計画を1週間ごとに分けて計画を立てたものである。実際の子どもたちが現在どのように遊んでいるか、どのような点に乗り越えてほしい課題があるか、など現在の子どもたちの生

図表5　5歳児の週間指導計画

週の ねらい	○好きな遊びを十分に楽しむ。 ○自然に触れながら戸外遊びを楽しむ。 ○交通ルールを理解する。	子どもの姿	○新しい環境にも慣れて、それぞれの遊びを楽しめるようになる。
日にち	環境・構成	予想される子どもの活動	
4月9日	○園庭整備を行い、危険がないようにする。 ○固定遊具の安全確認を行う。	○戸外遊び（戸外で自由に「好きな遊び」を行う）。 ○自分の好きな遊びを活発に行う。 ○仲のよい友達との遊びを楽しむ。	
4月10日	○製作物に名前を記入しておく。 ○製作物が今後どのように使われるのかを説明する。	○当番表を作る。 ・画用紙に自分の絵を描く。 ・画用紙に自分の絵を描きながら、友達の絵に関心を持つ。	
4月11日	○図鑑や本を参考に、自然に関心が向くようにする。 ○事前に散歩コースにある植物を確認しておく。	○散歩。 ・図鑑で調べた草や虫を探しながら歩く。 ・図鑑で見た虫や草花に関心を寄せ、友達どうしで確認し合う。	
4月12日	○なじみのある手遊びのほかに、新しい手遊びを用意しておく。 ○リズム遊びは、歌も歌えるように歌詞をクラスに貼っておく。	○新しい手遊びやリズム遊びを覚える。手遊び・リズム遊びは繰り返し行い、楽しむ。 ○歌に合わせて体を動かし楽しむ。	
4月13日	○お巡りさんの話がよく聞こえるように、座る位置を工夫する。	○交通安全教室。 ・お巡りさんの話を聞いたり、交通ルールについて学ぶ。 ・お巡りさんの話を真剣に聞いている。	
4月14日	○混合保育のため、玩具の配置に気を配る。 ○十分な玩具を用意する。	○コーナー遊び。 ・各自好きな遊びを見つけて遊ぶ。 ・仲のよい友達と集まって遊ぶ。年齢ごとで遊びが違う。	

活や課題から、具体的な保育方法を計画するものである。

　週間指導案には、保育者の子ども観や理解の仕方などがはっきりと表れてくる。そのため、この指導計画を活用することで、保育者間の保育観・子ども観、援助の方向性を共有し、一貫性のある保育の材料とすることもできる。

行事	○4/13　交通安全教室	園長	主任	担当
配慮事項	評価	保護者等への支援		
○危険のないように約束事を確認し、一人ひとりが楽しめるようにする。	○友達と仲よく遊んでいるが、ときどきルールが守れずにトラブルになる。 ○固定遊具の使い方について再確認が必要である。	○年長児に進級してからは、年長クラスであることの自信・自覚を持って生活していることを伝える。 ○家庭での様子を聞いたりして、園生活に無理がないかどうか等を把握する。 ○家庭で困っていることに対してアドバイス等を行う。		
○意欲的に当番活動に取り組めるように当番表を作成し、個々に自信を持たせていく。	○名前が書けない子には、保育者が手伝いながら書いた。 ○絵はそれぞれが楽しそうに取り組んでいた。 ○完成した当番表を見ながら、当番活動に意欲を見せていた。			
○自然に触れ、草花の色・形に気づいたり、虫に興味が持てるように促していく。	○出かける前から図鑑等を見て調べる習慣が身につくようにしたので、散歩の最中も、友達どうしでの会話がはずんでいるように見られた。今後も図鑑等は取り出しやすい所に設置しておきたい。	週の評価		
		自己評価		
○意欲的に体を動かしたり、楽しめるようにする。	○手遊びは「もう一回やりたい」と言い、喜んで取り組んでいた。覚えている子は、保育士といっしょでなくても自分一人でできるようになっていた。	天候にも恵まれていて、戸外遊びが十分にできた。 年長児としての自覚が生まれつつあるので、継続して意識づけを行いたい。		
○交通安全教室の開催を機会に、交通ルールが身につくように言葉かけをしていく。 ○お巡りさんの話を落ち着いて聞けるように声かけを行う。	○お巡りさんの話を真剣に聞いていて、交通マナーについて話をする姿が見られた。今後は、さまざまな機会に交通ルールについて触れていきたい。	子どもの評価		
○年齢ごとに遊びが違うので、遊びが発展できるように声かけをしたり、手助けをする。	○年齢ごとに遊びは違うが、他のクラスの子を意識して遊んでいた。トラブルも少なく、一人ひとりがじっくりと遊びに集中していた。	新しいクラスにも慣れてきたようで、クラスでの決まりも身についてきたようである。些細なトラブルは子どもどうしで解決できるようになってきたが、保育士の仲介が必要な場面もまだ多く見られる。		

出典：[保育総合研究会、2010] を基に作成

第3節　幼児期の保育と小学校教育の接続

　現在、保育所でも小学校との交流を行う園が増えてきている。「小学校への進学に対する不安がなくなり、期待が持てるようになる」といったメリットも挙げられている。しかし、交流は幼小連携の一つの取り組みでしかなく、手段でしかない。本来の意味での幼保連携を考えるならば、指導計画を見直し内容・方法を工夫し、幼児期と児童期の連続性・一貫性を盛り込む必要がある。
　また、保育者は乳幼児期の専門家であり、小学校教員は児童期の専門家である。小学校との接続期にある子どもの発達・特徴に応じた保育・教育を行う場合、互いの保育・教育に対しての理解が必要である。互いの教育を学び合うことは、それぞれの教育の文化・指導計画に対する考え方、子どもの見方・捉え方などである。この互いの学びが深まれば、接続期にある子どもの特性に応じた内容・方法を見いだせるだろう。

【引用・参考文献】

今井和子・大方美香・天野珠路編著『独自性を活かした保育課程に基づく指導計画——その実践・評価』ミネルヴァ書房、2010年
北野幸子編『保育課程論』(新保育ライブラリ) 北大路書房、2011年
戸田雅美・佐伯一弥編著『幼児教育・保育課程論』建帛社、2011年
保育総合研究会監修『新保育所保育指針サポートブック——保育過程から指導計画作成まで』(PriPriブックス) 世界文化社、2010年

第9章

幼児の指導計画の実際（幼稚園）

安部　孝

第1節　指導計画とは

1. 教育課程と長期・短期の指導計画

　教育課程は園全体の教育理念を示す構想であり、幼稚園における教育期間の全体を見通したものである。一方、指導計画は、教育課程を具体化したものである。指導計画は大まかに、長期の指導計画と短期の指導計画に分けられる。長期の指導計画は、教育の具体的なねらいや内容、環境構成、教師の援助を、長期の見通し（年、学期、月、期など）を持って計画されたものであり、短期の指導計画は、具体的な幼児の生活（週、日）の展開に即したものである。

2. 幼児の実態に即した展開

　指導計画は一つの仮説であり、実際の生活、幼児の実態、幼稚園の環境の実情などによって常に改善されるものである。幼児一人ひとりの姿は一様ではなく、ときには予想とは異なる展開が見られることもある。したがって、幼児の日々の生活に応じた柔軟な指導が望まれ、長い期間や週全体での幼児の生活や育ちを考慮しながら援助や環境構成を行う必要がある。そのため、指導に対する教師の反省・評価が重要となる。

3. 短期の指導計画の作成

　日案（1日の指導計画）は、教師が幼児たちにどのように関わり、幼児たちがどのように興味や関心を持って活動をするのかを計画するものである。作成に当たっては、生活や活動の流れ、幼児の姿についてはもちろんのこと、幼児一人ひとりの内面にも目を向け、活動の中での具体的な声かけや援助を考えることが必要である。

第2節　指導計画（日案）の作成手順

1. 指導計画の内容と作成の手順

(1) 指導計画の内容

　ねらいや活動が"幼児の立場"という視点で書かれることが大切である。主な項目や内容について、次のことに留意する。

　①活動名

　幼児の姿や場面が分かる表現であることが望ましい。例えば「紙芝居」ではなく、「紙芝居を楽しむ」「紙芝居を見る」「桃太郎のお話を聞く（紙芝居）」など、幼児の姿や活動として表すことが望ましい。

　②ねらい

　ねらいや目標では、望ましい、また、目指す（そこに実現する）姿や心情を表現する。例えば、「紙芝居を読む」は教師の行動を意味し、幼児の立場では「仲間と好きなお話（○○）を楽しんで聞く」などの表現になるだろう。また、「おもちゃを作って遊ぶ」には、「作る」と「遊ぶ」の2つのねらいがあり、主目的は「遊ぶ」で、「作る」は遊ぶための取り組みになる。この場合、例えば「コマを作って遊ぶ」ならば、「コマを作る」「作ったコマで遊ぶ」とねらいを捉え、「身近なものでコマを作り、試したり、仲間と競ったりして楽しむ」などと表現することができる。

　③幼児の姿と活動について

　この時期の幼児の実態、活動の特徴（意味）と、活動に期待できることを書く。つまり、教育課程や長期の指導計画、週案などに記された幼児の姿と、実際の姿とを基に、「この時期の幼児の実態はこうだから、この活動は幼児たちにとってこのような意味がある（成果が期待され

る）」という内容である。これによって、必要な援助や環境構成が具体的に考えられる。さらに、活動・遊びの内容や意味を明らかにし、前日までの取り組みの意味や経緯、教師の願いを簡潔に示すことが望ましい。

(2) 作成手順と留意事項

　日案は、月案や週案の内容を踏まえて作成されるものである。ここでは、園行事「お店屋さんごっこ」での5歳児（10〜11月）の活動を例にとり、日案の作成の手順と留意すべき事柄を説明する（**図表1**）。

図表1　日案の例

1　週のねらい・計画

《行事等》「お店屋さんごっこ」／　木曜日に実施		○事前、事後の保育を考える。
ねらいと内容 ○：ねらい □：内容	○友達と考えを出し合って、工夫して遊びを進める。 □物語を考えながら絵本作りをする。 □自然物を使って、製作を楽しむ。 □友達と役割を決めて、乗り物遊びを楽しむ。 ○異年齢児と関わって遊びを進める。 □「お店屋さんごっこ」で、異年齢児に売り買いの仕方を教える。 ○自分で考えて、準備や片づけを進める。 □遊びに必要なものを自分たちで考え準備する。	○週のさまざまなねらいや具体的な内容を確認する。 ◎週のねらいの中で、特に「お店屋さんごっこ」に関わるねらいを捉える。
援助・環境構成	○製作遊びに必要なもの ・落ち葉や木の実など ・セロハンテープ ・画用紙 ・ボンド ・クレヨン ・鉛筆 ○「お店屋さんごっこ」に必要なもの ・手作りかばん ・お金 ・作品 ・ちらし ・台　など ○活動や片づけに必要な、十分な時間設定 ○使いやすく活動しやすい場所や物の設定 ○遊びのイメージを広げ、促すような声かけ ○幼児の役割や異年齢の関わりへのサポート	○当日までに必要な準備・物を確認する。 ◎当日の教師の動きを確認し、教職員全体で共通理解を図る。 ◎幼児の活動の流れをシミュレーションし、時間や場、声かけを工夫する。

2　この時期の幼児の姿

- 友達関係が広がり、気の合う仲間と工夫して遊ぶ姿が見られる。
- 同じ目的を持ち、お互いの気持ちを認め、自分たちで問題を解決しながら遊ぶ。
- 遊びが持続するようになり、工夫したり変化を持たせたりしながら遊ぶ。
- 言語活動が活発になり、会話や言葉遊び、表現活動を楽しむ。
- 役割意識が育ち、自分たちで責任を持って取り組む。
- 自然事象への関心が高まり、喜んで関わると同時に、それらを大切にしようとする。

◎この時期の幼児の姿や望ましい姿を確認し、活動や援助の内容を吟味する。
○前日までの幼児の姿を評価する手がかりとする。

3　指導計画（日案）の立案

【（前日までの）幼児の実態・姿】
- 落ち葉や木の実などを使ってさまざまなものを作っていた。
- イメージを膨らませ、道具や材料なども工夫してお店の品物を作った。
- 年中・年少児といっしょに作ったり、製作物をプレゼントしたりしていた。
- 作ったものを飾ったりして、「お店屋さんごっこ」を楽しみにしていた。

○幼児の姿を振り返る。
◎幼児の興味・関心や仲間との関係、遊びに必要な技能を捉え、援助や環境構成を工夫する。

【活動：「お店屋さんごっこ」の特徴】
- 自然物を用いた製作遊びを生かした活動
- 役割（売り手と買い手）のある活動
- 異年齢が関わる活動
- 共通の目的を持つ活動

○「お店屋さんごっこ」の活動の特徴を整理する。
◎遊びの中で、身につくことやアイデアを出せる場面、関わる場面、必要なやり取りや決まりなどを整理し、声かけや認め、見守りなどの援助に生かす。

【幼児の実態を踏まえた教師の願い】
- 幼児が自分たちでイメージしたり、仲間と相談し、協力し合って遊びを展開してほしい。
- 年中・年少児に思いやりを持って関わってほしい。
- 準備や「お店屋さんごっこ」の活動の中で、自分の思いを積極的に出しながら、友達の考えや良さに気づいてほしい。

4　本日（本次）の保育のねらいと、援助・環境構成および展開

【ねらい】	【援助・環境構成】
○仲間と相談したり協力したりしながら「お店屋さんごっこ」に取り組む。 ○自分の役割に責任を持って取り組み、年少・年中児に思いやりを持って関わる。 ○自分の思いを出したり、相手の考えを受け止めたりしながら遊ぶ。	○遊びの中での関わりを援助できるような声かけや環境構成を工夫する。 ○役割を意識しながら、みんなで協力し合い「お店屋さんごっこ」を楽しむよう声かけし、援助する。

【展開・流れ】

時刻	幼児の姿・活動	援助・環境構成
	※【ねらい】に書かれた姿が具体的な遊ぶ姿として記されること。	※幼児の姿・活動を実現するような援助や環境構成が記されること。

◎「ねらい」が達成された幼児の姿を具体的にイメージし、構想する。

（筆者作成）

第3節　実際の指導計画

ここでは、「1.生活の中での一場面（活動）の指導計画」、「2.製作活動を主活動とした指導計画」、「3.幼稚園の特色ある教育活動の指導計画」、「4.幼稚園全体で取り組む活動の指導計画」の例を紹介する。

1．生活の中での一場面（活動）の指導計画

読み聞かせなど、ふだんなにげなく取り組んでいることでも、指導計画に構想を表せることが望ましい。**図表2**の例では、活動の流れを、「導入→展開→終末」と分け、最初に活動への関心を高め、最後に振り返ることで、演じるだけではなく、活動にめりはりを持たせている。

指導計画の「4.展開」にある「段階」の欄には、通常「時刻」が記入されることが多い。もちろん、「時刻」や「時間」を踏まえて保育を行うことは大事であるが、「段階」を意識することで、一つ一つの活動の意味が明らかになり、適切な援助や教師の働きかけを工夫することができる。「5.評価」は、活動のねらいが達成されたかどうかを振り返る視点である。あくまでも「評価」とは、幼児が活動する姿を見取り、それを基に保育、そして教師自身に対して行われるものである。

図表2　4歳児の指導計画例

```
1. 活動名      パネルシアターを楽しむ（「さんびきのこぶた」）
2. ねらい      仲間といっしょにパネルシアターを楽しみ、楽しかったことや抱いた
               思いを話す。
3. 幼児の姿と活動について
   友達関係がいっそう広がり、自分の意思や考えを出しながら友達と遊ぶ姿が見られ
   るようになった。また、自分なりに感じたことをさまざまな方法で表現したり、描
   いたり作ったりしたものを用いて遊ぶ姿も見られる。そこで、この活動では、パネ
   ルシアターの後に振り返りや手遊びを行うことで、自分の思いを伝えたり、その思
   いを生かしていっしょに遊んだりする機会を設けたいと考える。
```

4. 展開

段階	幼児の姿・活動	援助・環境構成
導入	1.「動物園」の手遊びをする。 (1) 教師の周りに移動して座る。 (2) 知っている動物を話す。 ・くま、ぞう、たぬき、わに、うさぎ、きりん　など (3)「動物園」の手遊びをする。 ・くま、ぞう、たぬき、わに、ぶた、おおかみ　など	【保育室の配置】 幼児　テーブル 教師 ○教師の周りに集まり、座るように声かけする。 ○「やおやさん」の替え歌で、品物を動物に替えて歌う。動物園に行ったことを思い出させる。 ○最後に、ぶたとおおかみを入れる。
展開	2.「さんびきのこぶた」(パネルシアター)を楽しむ。 (1) ぶた、おおかみについて話す。 ・ぶた……鳴く、鼻 ・おおかみ……怖い、強い (2) パネルシアターを楽しむ。	○知っていることを尋ねる。 ・「さんびきのこぶた」のパネルシアターを行うことを知らせ、期待を持たせる。 ○パネルを幼児から見えやすい位置に置く。 ○幼児の表情を見ながら、セリフや人形の動きを工夫する。
終末	3. 振り返る。 (1)「さんびきのこぶた」について話す。 ・出てきた動物 ・家（わら、木、レンガ） ・楽しかったこと、感じたこと　等 (2)「さんびきのこぶた」の手遊びを楽しむ。 ・教師をまねてやってみる。 ・もう一度、通してやってみる。	○話に出てきたものについて尋ねる。 ・違ったものを言った幼児をフォローする。 　例：「向こうで見ていたかもね」 ○思いを表現する意欲を大切に認める。 ○お話の歌（手遊び）があることを知らせる。 ○いっしょにやってみるように声かけし、できたことを認め、もう一度やってみるように促す。 ○帰りの会で歌うことを知らせ、楽しみにさせる。

5. 評価
○仲間といっしょに、パネルシアターを見て楽しむことができたか。
○楽しかったことや抱いた思いやイメージなどを話すことができたか。

(筆者作成)

2. 製作活動を主活動とした指導計画

　身近なものでおもちゃを作り、それで遊ぶ活動では、ねらいを「作る」と「遊ぶ」に分けることができる。その場合、幼児は「遊ぶ」ために「作る」のである。主活動の部分の指導案を別に作ることで、主活動を「細案」として詳しく示すことができる（**図表3**）。

図表3　4歳児の指導計画例（主活動の細案）

1. 活動名　　「ロケットをとばそう！（つくってあそぼう）」
2. ねらい　　身近なものを用いて作る楽しさを味わう。
　　　　　　　友達と協力したり工夫したりして活動を楽しむ。
3. 幼児の姿と活動について　（省略）

4. 展開

時刻	幼児の姿・活動	援助・環境構成
	1.「ロケットをとばそう！」を楽しむ。 (1) 飛ぶものについて話す。 　○飛ぶもの… 　　鳥、飛行機、ヘリコプター、トンボ、ブーメラン、ロケット　など (2)「円盤」に描いたロケットについて話す。 　○飛ばす方法を考える。 　○「円盤」を飛ばす様子を見る。 　○これからの活動を知る。	○飛ぶものについて話すことで、関心を持つようにする。 ○ロケットについて話し、絵や図鑑などで具体的に知らせる。 ・幼児の話を取り上げ、幼児のイメージを大切に生かす。 ○「円盤」に描いた「ロケット」を飛ばす方法を話させる。 ○「円盤」を飛ばして見せ、作ることに関心を持たせる。 ○「円盤」と「発射台」を作って遊ぶことを知らせる。
	◀円盤(ロケットの絵)　▼発射台　◀輪ゴム　▼割りばし ビニールテープ▲　クリップ◀　▲ビニールテープ	
	(3)「ロケット（「円盤」と「発射台」）」を作る。 ①道具（はさみ・マーカー・色鉛筆）を準備する。 ・男子、女子ごとにロッカーに取りに行く。 ②「円盤」を作る。 　a)「円盤」にロケットや飛ばしたいものを描く。 　b)「円盤」を切り抜き、△の切り込みを入れる。 　※輪郭線を太くし、切りやすくする。 好きな絵　切り取る▲	○具体的にイメージできるように、現物（「円盤」と「発射台」）をホワイトボードに掲示する。 ○円盤を配り、ロケットや飛ばしたいものを描くように話す。 ○輪郭線の上を切るように話す。はさみの使い方を適宜、個別指導する。失敗した場合は別の「円盤」を与え、安心して取り組ませる。 ○ゴミは班ごとに当番が集めて捨てるように声かけする。 ○作業の進みぐあいを確認し、道具を片づけるように指示する。

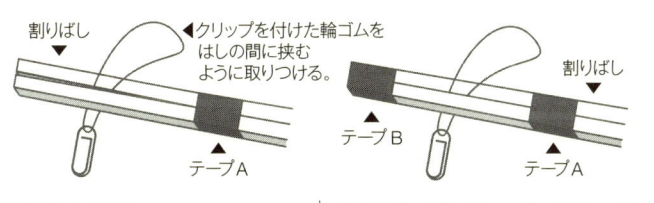

図：割りばし・テープA・テープB・クリップを付けた輪ゴムをはしの間に挟むように取りつける。

③「発射台」を作る。 a) 割りばしにビニールテープAを巻く。 b) 割りばしに輪ゴムを取りつける。 c) 割りばしにビニールテープBを巻く。 (4)「ロケット（円盤）」を飛ばして遊ぶ。 ①飛ばし方を知る。 　○教師のやり方を見て学ぶ。 　○遊ぶときの決まりや約束について話す。 　・人に向けない　　・振り回さない 　・自分の物を大切にする　　　　ほか ②試す（飛ばして遊ぶ1）。 　○実際に飛ばして試してみる。 　○うまくできるコツを話す。 ③競い合う（飛ばして遊ぶ2）。 　○遊戯室に移動する。 　○グループごとに競う。 　・的当て　　・距離 　○成果を知り、互いのがんばりを認め合う。 場の設定：遊戯室 ステージ／50点／20点／10点／100点／40点／的／台／幼児 2. 活動を振り返る。 (1)「ロケットをとばそう！」について話し合う。 　○できたこと 　・「月まで飛んだ」・「○君と同じくらい」 　○もっとやってみたい遊び方 　・「外で」・「滑り台の上から」 (2)「ロケット」をバッグに入れる。 　○ビニール袋に入れてバッグにしまう。	○割りばしと輪ゴムとゼムクリップを配る。 ・割りばしの扱いに注意させる（割らない。振り回さない）。 ○うまくできない幼児には、手伝ったり援助する。 ・実際にやって見せ、グループの中で教え合ったり、協力し合ったりするよう助言する。 ・b) では、割りばしを開く役割と、輪ゴムをかける役割に分かれて作業を進めさせる。 ○持ち方や輪ゴムの掛け方、手を放すタイミングなどの操作を実際に見せる。 ・決まりの内容を確認しながら進める。 ○些細なことも発言を取り上げ、安全に遊ぶよう話す。 ○飛ばす方向や、「円盤」を拾う際の状況確認を徹底させる。 ○うまく飛ばせたことを褒め、できたことやコツを他の幼児に話させることで意欲を高める。 ○的当てや、飛距離を競う場を設定し、グループごとに協力して競わせる。 ・目標や作戦を相談させることで同じ目標を持って取り組むことの楽しさを味わわせる。 ・仲間を応援し、励ますことを大切にするよう声かけする。 ○できたことや、もっとやってみたいことを話させ、さらに活動を広げさせるとともに、作ったものに愛着を持たせるようにする。 ○記名されたビニール袋に入れさせ、片づけるよう声かけする。 ○今日できたことを家族に知らせるよう伝える。

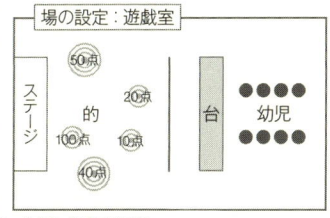

5. 評価
　○自分の「ロケット」を作り、試したり競ったりして遊びを楽しむことができたか。

(筆者作成)

第9章●幼児の指導計画の実際（幼稚園）

3. 幼稚園の特色ある教育活動の指導計画

　幼稚園独自の特色ある活動を計画する場合、その目的や意味、取り組みの経緯について、全教職員で共通理解することが必要である。また、園外保育など幼稚園を出て、地域や周辺の施設などで活動するに当たっては、地域やそこで出会う人たちの実態や思いを踏まえる必要がある。

　図表4は「園だより」を地域の人たちに配達して地域との関わりを深めようとする活動の指導計画である。

図表4　5歳児の指導計画例

---

1. 活動名　「ちびっこゆうびん屋さん」

2. ねらい　教師や友達と近所に「園だより」を配達し、近所の方と楽しく関わる。
【活動の目標】
○ご近所に「園だより」を配ることを通して、近所の方々との関係を築くとともに、地域や周囲の人々への関心や思いやりの心を育む。
○幼児の発達、学びの連続性の意味を踏まえ、園と地域のつながりの中で、幼児の心を育む。

3. 幼児（年長児）の姿と活動について
　年長児になり、新しい環境の中で年少児の世話をしたり積極的に関わったりする姿が見られるようになった。また、友達関係も広がり、身近な物を利用し、互いに協力し合ったり、相談したりしながら自分たちで遊びを作り出している。
　昨年度、幼児たちは、保育室前の廊下にあるポスト（ダンボール製）に自分たちで書いた手紙を入れ、それを配達するなどして楽しんだ。幼児たちは、互いの思いを文章や手紙に託すことで、ふだんの生活では得られない心情の関わりを持つことができた。
　そこで、この活動の良さを生かし、地域の方に「園だより」を配達する活動「ちびっこゆうびん屋さん」に取り組みたいと考える。幼児は、訪れた先々でさまざまなものに出会い、触れ、園での生活では味わえない経験をすることができると考える。特に、幼児の関心を地域の人々や社会・自然の事象などへと向けさせ、園での生活と園外での生活とをつなぐ発見や、関係を深める機会を得るような工夫を図りたいと考える。

4. 展開
(1) 日時：平成○○年9月○日（○）

(2) 参加者：5歳児（○組、○組○○名）引率5名（園長、教諭4名）
　①A地区・15件…14名（引率：○○教諭）②B地区・10件…13名（引率：○○教諭）
　③C地区・12件…12名（引率：○○教諭）④D地区・11件…13名（引率：○○教諭）

(3) 具体的な活動
　①テーマ：「園だより（運動会のお知らせ）」を届けよう！
　②ねらい：「園だより」を届け、ご案内の挨拶をする。

(4) 流れ

時刻	幼児の姿・活動	援助・環境構成
10:30	1. 地域ごとに集合する。 ・身支度 ・帽子・通園バッグ ・持ち物（「園だより」） 2. 行き先や配布物、挨拶の仕方などを話し合い、確認する。 ※気をつけることなど ・車に気をつけて行動する。 ・訪問した家の物をかってにいじらない。 ・丁寧におじぎする。 ・家の中をのぞき込んだり、大きな声を出したりしない。 ・優しく話す。	○幼児の体調を確認する。 ○帽子やバッグの確認をし、「ゆうびん屋さん」に変身したことを認め合い、活動への期待を高める。 ○これまでの経験を生かして、挨拶の仕方や約束、気をつけることなどを進んで発言するように促す。 ○訪れた家の人たちとの出会いをイメージさせ、相手に気持ち良く感じてもらえる接し方を考えさせる。
11:10	3. 「園だより」を配達する。 ・挨拶 「こんにちは」 ・コメント（案内の挨拶） 「こんにちは、○○幼稚園です。園だよりを持ってきました。10月18日に、○○幼稚園で運動会がありますので、ぜひ来てください。お待ちしています」 ・挨拶 「ありがとうございました」 「さようなら」	○教師が笑顔で気持ちの良い挨拶をすることで、幼児の手本となるようにする。 ○ご近所の方々と幼児との関わりを大切にし、やり取りを見守ったり、必要に応じて仲立ちし、幼児の思いを伝えたりする。また、幼児のつぶやきを他の幼児にも伝えたりする。 ○挨拶は、相手の目を見て、丁寧に元気に言うように声をかける。
11:40	4. 幼稚園に帰り、振り返る。 ・所持品（バッグ、帽子）を片づける。 ・出来事や経験を話す。 見たもの、人、話したことなど ・次回の予定を知る。 年中児といっしょに行くこと（「『ちびっこゆうびん屋さん』のことを年中さんに教えてあげよう！」）	○幼児の姿を紹介しながら○○幼稚園の代表としてしっかりと役割を果たせたことを褒め、達成感や充実感を抱かせる。 ○一人ひとりの発表を丁寧に聞き、またつぶやきを取り上げ、思いをみんなにも伝えることができるよう援助する。 ○次回は、年中児もいっしょに行くことと、手をつないだり、約束やさまざまなことを教えてあげてほしいことを話し、期待感を持たせる。

5. 評価
　教師や友達と近所に「園だより」を配達し、近所の方と楽しく関わることができたか。

（愛子幼稚園の実践を参考に作成）

4. 幼稚園全体で取り組む活動の指導計画

　幼稚園全体で活動が行われる場合、保育室にとどまらない場の設定や環境構成が必要になる。さまざまな施設や設備を生かし、幼児がそれぞれ好きな遊びを展開できるよう全教職員による援助を工夫する。　**図表5**は「おおきなおおきなおいもごっこ」の活動の指導計画である。

　一日を通した指導計画（日案）では、その中の一つ一つの活動や援助を詳しく表しきれないことがある。その場合には、必要に応じて別紙に主活動の細案を年齢ごとに作成することも必要になる。

図表5　園全体で取り組む活動の指導計画例

1. 活動名　みんなで楽しく「おおきなおおきなおいもごっこ」をしよう

2. ねらい（本日のねらい）と内容
(1) ねらい　友達と思いを伝え合い、イメージを共有しながら活動を楽しむ。
(2) 内容
　○友達と共通の目的を持って、いっしょに活動に取り組む。
　○自分の役割に関心を持ち、楽しんで活動する。
　○思ったことや気がついたことを伝え合う楽しさを知る。

3. 幼児の姿と活動について（本日までの幼児の姿と教師の願いを踏まえて）
(1) 幼児の姿について
　　運動会後、友達関係が広がり、同じ目的を持って遊ぶ中で相手の気持ちを受け入れたり、自分なりに工夫したり、自分たちで問題を解決したりする姿が見られる。また、遊びのルールも徐々に難しくなっているが、一方で深まりと持続性が出てきている。幼児の間では、言葉を用いた遊びや表現を楽しむ姿が見られ、また、役割意識が定着し、自分たちで当番活動ができるようになってきている。だが、物の貸し借りなどの場面では、十分に思いを伝えられずにトラブルになることもある。
(2) 活動について
　　幼児は、『おおきなおおきなおいも』（市村久子原案、赤羽末吉作・絵）の絵本を見たことや、焼きいもやサツマイモについての経験をきっかけに、「おいものうちを作りたい」「船で魚釣りをしたい」「タコやマグロを釣ってみたい」など、具体的な遊びのイメージを抱いた。そこで、『おおきなおおきなおいも』をテーマに、さまざまな遊びを取り入れた活動を行うこととした。そこでは、幼児のイメージや、自分たちで決めたルールを生かした遊びを展開したいと考える。また役割や担当を決め、各自がアイディアを出しながら責任を持って取り組むように援助を工夫したい。
(3) 教師の願い
　　経験したことや考え、思いや要求を言葉で相手に伝え、また友達の考えに気づきながらイメージを共有し、一つの目的に向かって活動してほしいと考える。

4. 展開

時刻	幼児の姿・活動	援助・環境構成
8:30〜9:00	1. 登園 ○元気に挨拶する。 ○持ち物の始末をする。 ○出席シールを貼る。 ○花に水をやる。	【登園】 ○幼児一人ひとりと挨拶を交わし、様子に応じて適切に言葉をかける。
10:00	2.「おおきなおおきなおいもごっこ」 ○遊びの流れを確認する。 　・内容　・流れ 　・約束 ○遊びの準備をする。 ○コーナーの係をする。 ○コーナーで遊ぶ。 　・修理　・チケット 　・おいも掘り 　・いも丸 　・いもザウルス 　・おいものおうち	【「おおきなおおきなおいもごっこ」】 ○幼児たちが遊びを考え、自ら活動できるように共通理解の下、援助や言葉かけを行う。 ○お客さんや係など自分の役割に責任を持ち、協力し合って遊ぶ姿を認め、見守る。 ○困ったことやトラブルがあった場合、友達どうし解決の仕方を考えるように援助する。 ○互いの思いが食い違った場合、互いの思いに気づかせたり自分の思いを伝える方法を知らせたりする。 ○繰り返しの遊びに少しずつ変化をつけるなど環境構成を工夫する。 ○幼児の気持ちが高まるようにBGMを流す。 ○幼児の様子に応じて適宜、休憩を取る（水分補給や汗の始末）。 ※「場の構成」……別図（次ページ）参照
11:00 11:20	3. 片づけ ○道具を保育室に運ぶ。	○協力して取り組み、作業が終えたら教師に報告するよう声かけする。
12:00	4. 給食 ○準備をする。 　・手洗い 　・はしセットの準備 　・配膳　・挨拶 ○食事をする。 ○片づける。 　・食器、はしセット ○歯を磨く。	○各人に応じた量を配膳する。 ○苦手なもので食事が進まない子には認め励ます言葉かけを行う。 ○食べ歩きせず、最後まできれいに食べるように声かけする。 ○音楽を流し、楽しい雰囲気で食事ができるようにする。
	5. ピカピカタイム ○保育室や廊下を掃除する。	○みんなで協力してきれいにするように声かけし、また、がんばりを認め、褒めることで意欲を高める。
14:00	6. おはなしタイム ○楽しかったことや取り組みを振り返る。	○落ち着いた雰囲気の中で、楽しかったことや疑問に思ったことを友達に伝えることができるように援助する。 ○関心や意欲を引き出し、今後につなぐような言葉かけをする。
15:00	7. 降園 　・身支度　・排泄 　・挨拶	○持ち物を確認し、トイレに行くことなどを声かけする。 ○家族に園生活の様子を話し、家庭で話題にするように伝える。

5. 評価
　友達と活動する中で思いを伝え合い、イメージを共有しながら取り組むことができたか。

6. 場の構成

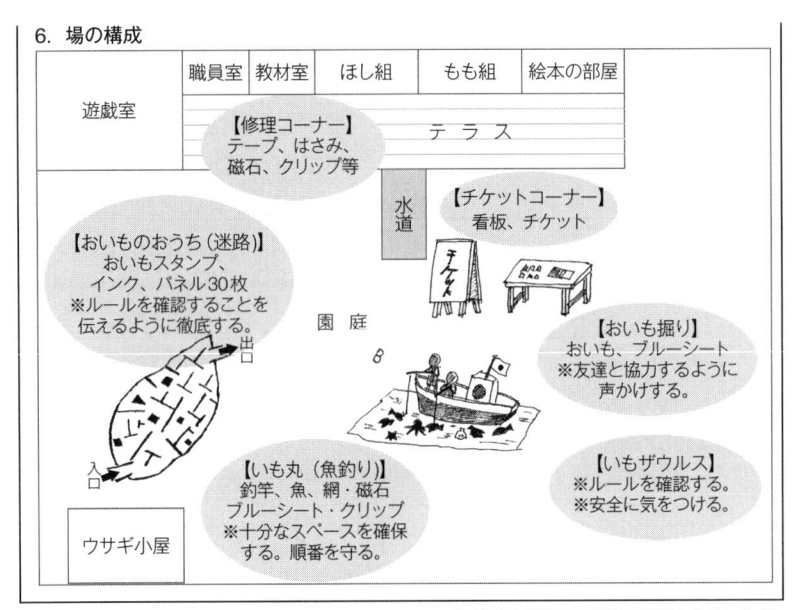

	職員室	教材室	ほし組	もも組	絵本の部屋

遊戯室

【修理コーナー】
テープ、はさみ、磁石、クリップ等

テラス

水道

【チケットコーナー】
看板、チケット

【おいものおうち（迷路）】
おいもスタンプ、
インク、パネル30枚
※ルールを確認することを
伝えるように徹底する。

園庭

【おいも掘り】
おいも、ブルーシート
※友達と協力するように
声かけする。

【いも丸（魚釣り）】
釣竿、魚、網・磁石
ブルーシート・クリップ
※十分なスペースを確保
する。順番を守る。

【いもザウルス】
※ルールを確認する。
※安全に気をつける。

ウサギ小屋

（加須市立樋遣川幼稚園の実践を参考に作成）

【引用・参考文献】

愛子幼稚園「もっと楽しく遊ぼう…幼児の『今』と環境の『今』を踏まえて」『平成22年度全日本私立幼稚園連合会第25回東北地区私立幼稚園教員研修大会〈宮城大会〉研究保育要項』2010年

石橋裕子・林幸範編著『知りたいときにすぐわかる幼稚園・保育所・児童福祉施設実習ガイド』同文書院、2011年

加須市立樋遣川幼稚園「平成23年度加須市教育委員会・東部教育事務所教育支援担当・学力向上推進担当幼稚園訪問 指導案」2011年

金村美千子編著『教育課程・保育課程総論〔第2版〕』同文書院、2010年

埼玉県教育委員会「埼玉県幼稚園教育課程編成要領」2009年

仙台市立東二番丁幼稚園編「生きる力をはぐくむ教育課程」2006年

文部科学省『幼稚園教育要領解説』フレーベル館、2008年

第10章

異年齢保育の指導計画の実際

永渕泰一郎

第1節　異年齢保育の意義

1. 異年齢保育とは

　少子化や核家族化が急速に進む中、家庭や地域での人間関係の希薄化が指摘され、子どものコミュニケーション力の低下が懸念されているが、今、新たな関わりとして異年齢保育が注目されている。しかし各園で抱えている問題は多岐にわたり、年齢別にクラス編成することが人数的に難しい園もある。

　現実の家族構成は、年齢の異なる個人の集団である。そこを生活集団の基礎と考えると、異なる年齢の子どもを同じ集団にする意義が見えてくる。家族における異なる年齢での関わりは、兄弟関係や子ども・親・祖父母の3世代の関わりなどがあるが、異年齢保育では家族に類似した年少者の立場、中間の立場、年長者の立場と3つの立場を順に体験することができる。異年齢保育で1年間の大きな流れを繰り返し違う立場で過ごしながら関わりを持つ生活は、子どもがいくつもの多様な価値観を持つことにつながる。人への価値観の持ち方は年齢だけでなく月齢、性別、障害、国籍によっても違う。その違いを認め合う力は、国際性を養う基盤の一つであり、生きる力であり、保育の原点が潜んでいる。

　幼稚園教育要領や保育所保育指針では、子どもの自己の育ちは保育者との信頼関係や、他の子どもたちとの関わりを通じて深まっていくとされている。異年齢になると、一人ひとりを生かした集団の形成に保育者が関わっていくのは難しい。しかしながら、子どもの姿をよく見守り関わっていくことで、保育者も子ども理解ができるようになる。子どもたちどうしの多様な関わりと、そこでの育ち合いに期待を寄せながらポジティブに関わることで、保育者もまた育ち合いながら保育の営みを送っ

ていることが分かる。

2. 異年齢保育での子どもの育ち

　異年齢の子どもたちの間には、さまざまな関わりが見られる。年上の子どもが年下の子どもを助けたり、できない子どもが仲間から教えてもらったり、幼い子どもは年上の子どもに憧れ、興味を持ったりする。生活や活動の中で助け合いや思いやりを体験することは、異なる年齢だからこそ人の考え方が多様であることが分かり、人間関係の複雑さに出会う。自分と違う思いを持つ仲間に対して、自分の経験を思い出し、気持ちを寄り添わせ、相手をよく見てよく聞いて考えるということは、人への好奇心から生まれる。友達と話し合い遊んだ経験を大切にしていくことが、自ら表現し、他者のことを受け入れられる基盤となる。

　異年齢で子どもたちが主体的に遊ぶ環境を考えると、発達別に選択肢を用意し、やりたいことを選べるように環境を整える必要性がある。子どもの姿から想起した環境構成を設定することは、子どもの主体性を支えるものとなる。環境を設定した中で年齢別での関わり、異年齢での関わりを持つことができる。すなわち、多くの選択肢のある多様な環境構成の中で過ごすことにより、子どもたちは自分の居場所を見つけ、自分に合うものや友達を見つけ、遊びを見つけ、自らの役割を見つけ出していくのである。

3. 異年齢保育の特徴を踏まえて

(1) 保育者の援助

　保育者は、子ども自ら環境に働きかけて行動する主体的な活動を保障し、それを援助する保育を行わなければならない。一見聞き分けの良い3歳児が、夕方から保育者にくっついてきたり、その後で安心してよく遊ぶようになったりすることがある。保育者との信頼関係が築けたから甘えられるようになり、自己を押し殺さずに遊べるようになるのである。

今、子どもの何が育っていて何が課題なのかを読み取り、一人ひとりに合った援助を心がけなければならない。異年齢保育だからといって、年上の子どもに何か全てを期待するわけではない。集団生活が自己発揮しにくくさせているケースも保育にはある。幅広い年齢の中で育ち合える環境の中、それぞれの子どもが安定して過ごせる関係性が作りやすくなる。そこで子どもどうしが遊び始めたら、保育者は直接関わることから、少し離れて関わるようにすることも大切になってくる。

　一人ひとりの子どもを大切にする視点においては、年齢別保育も異年齢保育も同じである。幅広い子どもの発達も、保育者はしだいに子どもの姿が読み取れるようになってくる。つかず離れずの程よい距離間を保育者が持てるようになってくると、子どもたちは保育者の意図的な環境と空間の中で、さらに友達との関わりを持って過ごすことができるようになる。子どもが主役になって主体的に行動し、子ども自身が活動していく保育を目指すのであれば、保育者が一人ひとりの子どもの発達状況をきちんと把握し、その発達に合った環境を構成・再構成する必要がある。子どもたちの関わり合いを育てるには、子どもの思いをつなぐ保育者の関わり方を、子どもに合わせて丁寧に築いていくことが大切となる。

(2) 生活の場として

　年齢別に保育をしている幼稚園・保育所・認定こども園でも、異なった年齢の子どもが通い、異なった年齢の友達で関わりができる環境が生まれる。ふだん、なにげなく違うクラスを見に行ったり、園庭でいっしょに関わったりすることもある。そのような出会いの環境を保育者は常に意識して、園の保育者みんなで一人ひとりを見守っていくことが重要となる。例えば、砂場で水をくみ入れて水路作りをしている子どもがいると、自然と興味を持った子どもが集まってきて、協力しながら遊ぶ姿が見られることがある。このように、日常の遊びの場面では同じ年齢で集まるのではなく、同じ好奇心を持った子どもが仲間を形成すること

がある。その仲間が異なった年齢でも、遊びを媒体に、より経験のある子どもがリードしたり、年少児がとっぴょうしもない発想をしてもユーモアとして受け止めたりしながら、楽しく遊びが広がっていく。

　年間の行事を行ううえでは、異年齢グループを作り、取り組む園もよく見られる。秋の造形展前に仲よくなってきた異年齢の仲間と、グループで考えたお店屋さんを出すために、1週間異年齢保育を行うようなこともあるだろう。毎月、定期的に年齢別保育のクラスを解体して異年齢保育を行っている園や、朝の登園時を異年齢で過ごす園などもある。

　また幼稚園では、延長・預かり保育で異年齢児保育を行うことが増え始めている。夕方に向けての保育は、午前中の保育とは異なり、ゆとりある時間の流れの中で過ごせるように配慮しなければばない。

4. 園によって異なる異年齢保育

(1) 0・1・2歳の生活と異年齢保育

　保育所・認定こども園によっては、0歳から5歳までの子どもを1つの小グループにして異年齢保育を行っているところがある。地域によっては、子育て世代の大人が少ない地域や一人っ子が多い地域もあり、赤ちゃんを見たことがない子どももいる。大きな家族という理念を掲げる保育所・認定こども園に、こういった状況がよく見られる。異年齢保育を通して何を育てたいかがはっきりと現れるケースである。

　どの保育所でも配慮されているであろうが、低年齢児の安心・安定と高年齢児の発散が十分に保障されているかどうかも、異年齢保育を行ううえで大事な視点である。保育者の温かなまなざしと、きめ細やかな援助・配慮が、より大切となる保育である。

(2) 3歳以上児での異年齢保育

　3・4・5歳児で異年齢保育を行う保育所・幼稚園・認定こども園がある。保育所や認定こども園の場合は、0・1・2歳児は月齢でまだ大きな

個人差が出やすいため、年齢別といえども異年齢のように幅の大きな保育を求められるため、養護の視点からも3歳以上で構成されることがある。幼稚園では通常、年齢別のクラス編成でも随時クラスを解体したグループで異年齢保育を行ったり、生活の中で異年齢の関わりを大切にする保育を行っているところが増えてきている。3・4・5歳児で異年齢保育を行うと、家族に類似した年少者の立場、中間の立場、年長者の立場、と3つの立場を順に体験することができる。

(3) そのほかの異年齢

　年齢別クラスで過ごしながらも、部屋の隣が異年齢児の部屋になっており、ふだんから活動外で交流を持ち、互いに見える窓が設置されているなど、環境を通して関わりを深めることを目指している園もある。ふだんからの生活の中に、異なった仲間がいていいという園の風土を保育者と共に子どもどうしで作り上げていく相互性が大切である。

　また幼稚園では、歩き地区・バス地区など地域で分けた異年齢活動を大切にしている園もある。園内で仲よくなった子どもたちが、地域の公園や小学校でも身近な仲間として過ごしていけるように、活動を園内にとどめずに、地域に子どもを返す考え方である。

第2節　指導上の手順および留意事項

1. 異年齢保育の指導計画の考え方

　指導計画は、年間指導計画や月案・週日案など「保育課程」や「教育課程」を具体的に記したものである。異年齢保育での指導計画の作成についても、年齢別保育と基本的な考え方は同じである。各園での子ども

観や発達観、行事や季節の移り変わりなどの影響を受けながら、子どもが主体的に環境と関わり充実した生活が送れるように保育の実践を行わなければならない。そのためにも、具体的な「ねらい」と「内容」、それに沿った環境構成が大切となる。特に、0・1・2歳児をいっしょにする異年齢児保育では、養護の側面と教育の側面を共に持った視点で、ねらいや内容について設定する必要がある。

2. 異年齢保育のポイント

　ここでは、3・4・5歳児による異年齢保育を考えていきたい。まず、子どもが主体性を発揮できるようにするために、子どもの興味・関心を知らなければならない。そのために、前月の子どもの姿を年齢別に捉え直し、保育の方向性を読み取ることは重要であろう。月の指導計画では、3・4・5歳児に共通する「ねらい」を立てる。また、1・2週、3・4週に、保育の実践に向けての具体的な「ねらい」と、幼児が体験する「内容」を設定することで、保育で育てたいことや見通しが持てるようになる。また、子どもの様子を具体的に記しながら、環境の構成や援助について考えられるようにする。3・4・5歳児は、3年間の関わりの中で、なだらかな育ちを見せる。異年齢保育の活動を促すには、年齢別保育よりも少し余裕のある時間の流れが必要になることがあるので、年齢に縛られず、子どもの経験と育ちを踏まえた子ども理解が必要となるだろう。

第3節　異年齢保育の指導計画

1. 月の指導計画の事例

　ここではA幼稚園での実践を紹介し、3・4・5歳児による1月の指導計

図表1　異年齢保育の月の指導計画の事例

前月（12月）の子どもの様子		
3歳児	4歳児	5歳児
○自分でできるようになったことを喜び、身辺整理や身の回りのことを何でも自分でしようとする。 ○年上の子どものまねをしようとし、同じようにしてみようとする。 ○5歳児のする指編みやリリアン編みに興味を持ち、そばまで行って見て楽しむ。	○3歳児を遊びに誘ったり気にかけたりと、進んで関わりを持とうとしている。 ○仲間とともに遊ぶ姿が深まり、積極的に意見を出し合い、仲よく遊ぼうとする姿が見られる。 ○5歳児が行う毛糸遊びに興味を持ち、いっしょに編もうとする。	○生活に見通しを持ち、自分たちで考えて協力し、行動しようとする。 ○長縄や「オオカミさん今何時」など、跳んだり走ったり体を動かして遊ぶことを楽しむ。 ○遊びの中でトラブルが起こっても、異年齢児の話も聞き入れようと話し合い、解決しようとする。

1月のねらい
○異年齢児と戸外で体を動かして遊ぶ。
○冬ならではの遊びや行事を体験しながら楽しさを味わう。
○氷や霜柱など自然事象に親しみながら、自然の不思議さや楽しさに興味を持つ。

1・2週の指導計画	
ねらいと内容	環境構成および援助
◇正月の遊びに興味を持ち、できるようになる喜びを味わう。	
○手洗いやうがいの大切さに気づき、進んで行う。	○「水が冷たいね」と言いながらも手を洗う5歳児の隣で、水を触りたがらない3歳児には、5歳児や保育者が励まし、手洗い用のお湯が使えるように準備しておく。手の甲や指の間などを丁寧に洗ったり拭いたりしている姿を認めて、手洗い・うがいが励行できるように見守る。
○友達といっしょに長縄や影踏み、氷鬼など十分に体を動かして遊ぶ。	○「長縄しよう」と子どもたちだけで声をかけ合って園庭へ遊びに行く姿を受け止める。長縄は、子どもが管理できるように園庭の遊具置き場に準備する。「私が回してあげる」と縄回し役をする5歳児といっしょに、保育者は一人ひとりのタイミングをよく見て縄を回し、3歳児にも長縄が跳べる楽しさが味わえるようにする。 ○寒くなると戸外に行きたがらない子どももいるが、影踏みや氷鬼を楽しむ5歳児が、3・4歳児を誘っていっしょに遊ぼうとする姿を見守る。異年齢で氷鬼をすると、5歳児が「3歳は3回タッチされたら固まって」などと、集まった仲間に合わせてルールを変える姿を認める。
○トランプ、かるた、すごろくなどの遊びを通し、数・量・形・文字に興味を持つ。	○室内では、トランプとかるたを、いつでも遊べるように準備しておく。遊び場所にマットや机を設定しておき、子どもたちが人数に合わせて場所が選べるようにする。「自分でカードが作りたい」とオリジナルのカード作りをしたがる子どもには、画用紙やサインペンを使えるように置いておくと、工夫しながら作り始める。カードやすごろくで遊びながら、絵や数字・文字に興味を持って、異年齢で意味を伝え合いながら関わっていく姿を大切にする。
○こま回し、はねつき、けん玉など、やり方を教え合いながら楽しむ。	○こま回し、羽根つき、けん玉などで自由に遊べる環境を整えておく。5歳児が得意げにするこま回しや羽根つきを見て、4歳児が同じようにしようとがんばる姿を見守り、3歳児にはひものかけ方や羽子板の打ち方などを丁寧に伝え、少しずつ遊べるようにする。

ねらいと内容	環境構成および援助
○寒さでできた氷や霜柱を見たり、季節の絵本や図鑑を見て楽しむ。	○この時期の寒さを体感しながら池や畑に行く。子どもたちが霜柱を見つけ「氷の頭に帽子ついてる」「踏んだらクシュクシュ鳴る」と驚いたり、池が全面氷になっているのを見つけて声を上げたりする体験を大切に受け止める。室内でも興味が湧くように、季節の絵本や図鑑を準備し、いつでも見られるように整えておく。

3・4週の指導計画

ねらいと内容	環境構成および援助
◇戸外で友達と関わりながら体を動かして楽しむ。 ◇冬の自然を感じながら遊ぶ中で興味や関心を持ち、生活に取り入れて楽しむ。	
○友達や保育者といっしょに戸外に出て体を動かして遊ぶ。	○園庭の環境に整えた竹馬や缶ポックリを準備しておくと、興味を持った子どもから乗って遊び始める。3歳児が5歳児に「竹馬を教えて」と声をかけに行く姿を見守り、保育者と共に乗り方を伝えるようにする。また、竹馬と缶ポックリで5歳児と3歳児が競争する姿など自分たちで動きを求めた遊びを受け止めて、楽しさを味わうよう見守る。
○友達といっしょにドッジボールなど小集団で遊びを楽しむ。（4・5歳児）	○4・5歳児が自分たちで仲間を集めてドッジボールやサッカーを始めようとし、どこにボールがあり、コートの線は何で引くか、チームの決め方などを話し合う姿を大切にする。
○正月に関わる食べ物や風習について興味を持つ。	○1月も半ばを過ぎた頃、園や家庭から正月のしめ縄を集める。近くの保育園と合同で左義長（とんど焼き）をするため、子どもたちでしめ縄や飾りを焚きつけ場に持ち合いながら初めての友達とも関わりが持てるようにする。 ○飾りについているだいだいを左義長（とんど焼き）で焼いたものや干し柿を食べてみて、お正月に関わる風習や食べ物に興味を持ち、体験できるようにする。
○素材を使って、タペストリーやたこ・こま・けん玉を作って楽しむ。	○毛糸とともに割りばしと輪ゴムを置いておくと、作ったことのある5歳児からクモの巣編みを始める。「色変えたい」と言っている3歳児に毛糸を結び直そうとしている5歳児の関わりを認める。割り箸を十字に組んで輪ゴムで止めるのが難しいため、保育者は3・4歳児に骨組み作りを援助する。最初と最後のひも結びは5歳児に手伝ってもらい、いっしょに進めるようにする。 ○室内の制作コーナーを使って、こま作り、けん玉作り、たこ作りなど、正月に遊んできたものを、身近な素材を使い、作って遊べる環境を準備する。3歳児は5歳児とペアになって作り方を教えてもらいながら製作し、自分で作ったものを使って遊ぶ姿を見守る。
○節分を楽しみに待ち、絵本やわらべ歌、いろんな鬼の歌を歌って楽しむ。	○楽しかった正月の遊びが終わり始めると「今度は節分！」と季節を見通す5歳児に合わせて、豆まきの歌や鬼のパンツなどを歌い、知らない3歳児にはみんなで教えてあげられるように言葉がけする。また、どんな鬼がいるのか話し合ったり、鬼の絵本を読んだりして節分への興味が持てるようにする。

評価の観点
異年齢の友達と、正月の遊びをしたり戸外で氷鬼や影踏みをするなど体を動かしたりして楽しんだ。近くの森では池に氷が張っているところが見られ、園内でも氷作りをしようと水を入れたカップを外に置いて帰る姿が見られた。自ら自然に関わり、興味を持つ姿を大切にしたい。

(筆者作成)

画を見ることにする（**図表1**）。異年齢保育の取り入れ方としてA幼稚園は、通常は同年齢でクラス編成し、随時、地域分けグループでの異年齢児保育を行っている。

2. 保育の振り返りの視点

多様な視点で振り返ると、どのような保育であったのかが改めて見えてくる。異年齢保育の実例を基に、視点を変えて振り返ることにする。

(1) クラス運営

正月の遊びを通して数・量・文字や言葉などに興味を持ち、友達と関わりながら楽しめるように生活や遊びの中で活動を取り入れている。

保育者とともに氷や霜柱など自然事象に親しみながら、子どもの発見に共感し、興味が広がるようにしている。

(2) 1月の保育のポイント

冬休みから久しぶりに会う友達と、影踏みや長縄をして積極的に関わって遊ぶ姿が見られる。4・5歳児はドッジボールをしたり、3歳児は友達といっしょに缶ポックリをしたりと、戸外でも寒さに負けず遊ぶ姿や思いを十分認め、安定して過ごせるように援助を行っている。

異年齢で関わりを持ちながら、すごろく、かるたなど数・量・形・文字などに興味が持てる遊びが楽しめるように保育が展開されている。また、子どもが興味を持ったときに、こま回しや羽根つき、けん玉をして遊べるよう、テラスや広場に用具を置き、クラス環境を超えて園の環境を整えている。

園外で池の氷を見たり、霜柱を見たり踏んだり、園で渋柿が干されて甘くなったのを食べるなどの諸感覚を通した経験から気づいた自然の不思議さに共感し、保育者も丁寧に関わる。室内でも興味が持てるように、季節の絵本や図鑑を整えて楽しめるようにしている。

(3) 健康・食育・安全

　インフルエンザや風邪が流行しやすい時期なので、室内の換気を行い手洗い・うがいを励行するように保育者も言葉がけをし、見守ることが必要となる。また、手洗いやうがい、衣服の調節など家庭での予防方法を健康だよりで伝え、感染症が出たときは、園での症状と流行状況について掲示板で伝えるとよい。

　鏡餅の話やみかん、だいだい、干し柿など正月に関わる食べ物について興味を持ち始めている。ほかにも、七草など保育所の給食で作るところも増えてきている。食と季節と文化を味わう保育も心がけたい。

　暖炉やストーブに子どもが近づきすぎないように距離を開け、子どもの安全を見守る。近年はオール電化など、子どものそばから「火」が見られなくなってきている。今後はますます直接燃えるものを見たり、暖かい煙の香りが服に付くといった体験は難しくなってくるだろう。原体験の面からは、安全には配慮しつつ、生活体験としてどこかで持ち続けたいものである。

　正月遊びや行事について、園での取り組みを家庭に知らせ、たこ、こま、けん玉などの正月遊びを作って楽しめるよう、保護者に園だよりやクラスだよりで素材集めを呼びかけることも、家庭との連携の中で取り組んでいくことができる。

(4) 延長・預かり保育

　長期休み後の保育は、子どもの様子をクラスの担任と延長・預かり保育担当者との間で引き継ぎ、一人ひとりの成長を支える。4・5歳児は園庭で夕方、影踏みや氷鬼、長縄を楽しんでいる。3歳児が仲間に入れるように、保育者は4・5歳児が3歳児に関わる姿を見守り、援助するよう心がける。

　室内では、お正月遊びの流れから、カード遊びを楽しむ子どもが見られる。異年齢でトランプやカルタができるようにカードを準備しておき、

机やマットの上で遊べる環境を整えておく。異年齢の友達で関わりにくいときには、保育者も遊びの中に入るようにして子どもの思いをつなぐように関わる。

　毛糸を使ったタペストリーは、5歳児が熱中して楽しむ。3・4歳児にとっては、出来上がりも憧れの対象である。保育者も関わりながら、5歳児が年下の子どもに教える姿を見守り、午後のゆっくりとした時間を楽しめるようにする。

　指導計画の振り返りを行うと、子どもの養護の視点や教育の視点が、あらためてはっきりと見えてくることが分かる。実践の場では、自らの保育の見直しや、他の保育者との話し合いの中で振り返りが行われることがある。反省は、毎月担当の保育者によって行われるが、学期末には保育者で集まり、見直しが行われる。学期の課題を見つけ出し、今後の保育の反省として次年度に申し送りをしている園も多い。このように指導計画の改善を図りながら、保育の見直しと活動の展開を吟味していくことが大切になる。

【引用・参考文献】

鯨岡峻・鯨岡和子『保育を支える発達心理学――関係発達保育論入門』ミネルヴァ書房、2001年

田中亨胤・森川紅『延長・預かり 異年齢児のあそびと計画――園で人気のあそびBEST72』(保カリBOOKS)、ひかりのくに、2010年

永渕泰一郎「異年齢児のかかわりによる保育」『月刊　保育とカリキュラム』第60巻1号、ひかりのくに、2011年、pp.76-80

第11章

さまざまな保育形態における指導計画の実際

柳生　崇志

第1節　保育形態に応じた指導計画

1．多様化する保育形態

　今日の日本に見られる多様な保育形態は、就労や子育てに関する多様な価値観、多様な家族構成、社会や家庭内の経済的事情、保育に関する各種社会制度、保育施設設備の充実や働き方も含めた保育者の多様性といった家庭−社会−園の複合的な要因によってもたらされたものである。

(1) 園の個性

　保育形態の多様化は、保護者と園の双方にとって望ましいことである。保護者は自らが必要とする保育形態を選択的に利用できたり、第一希望の保育形態が利用できなかった場合に第二、第三の候補を利用しながら次の対応を考えたりできる。園においては、さまざまな保育ニーズに対応しようとする努力が、保育内容や方法をより良いものへと発展させることにつながる。しかし、あらゆる保育形態を一つの園だけで実現することはたいへん難しく、結果として近隣の園どうしが地域内での役割を分担することになる。その役割分担こそ園の個性と捉えることもでき、指導計画の作成に当たってはそのような園の個性を十分に反映させたいものである。

(2) 保育形態の多様化と保育の本質

　多様化した保育形態に応じた保育内容や方法が存在することは事実である（**図表1**）。しかし、どのような保育形態であっても、子どもの心身の発達を支えるという保育の根幹になんら変わりはない。さまざまな保育形態に応じた指導計画を作成する際に重要なことは、表面的で瑣末な

図表1　多様な保育形態

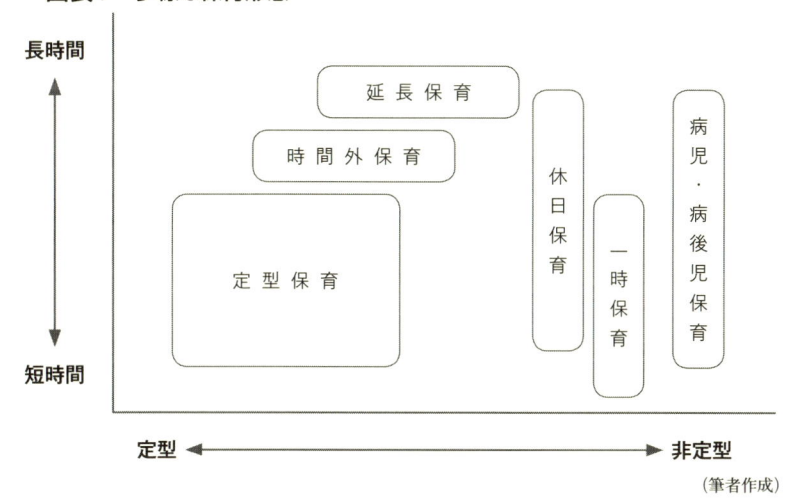

```
長時間
 ↑
 │         ┌─────────────┐
 │         │  延 長 保 育  │         ┌───┐
 │    ┌────┴─────────────┤         │病 │
 │    │   時 間 外 保 育   │ ┌──┐   │児 │
 │    ├──────────────────┤ │休 │   │・ │
 │    │                  │ │日 │┌─┐│病 │
 │    │                  │ │保 ││一││後 │
 │    │   定 型 保 育     │ │育 ││時││児 │
 │    │                  │ │  ││保││保 │
 │    │                  │ │  ││育││育 │
 │    └──────────────────┘ └──┘└─┘└───┘
 ↓
短時間
     └─────────────────────────────────────→
      定型 ←──────────────────→ 非定型
```

（筆者作成）

知識や技術の使用に終始することなく、それぞれの保育形態における子どもの状況や特性を的確に把握し、子どもや保護者がその保育に何を求めているのかを考えることである。

2．時間外保育

　認可保育所における定型保育では、開所時間11時間のうちの8時間を通常保育時間（一般保育時間、基本保育時間、原則保育時間等の名称もある）としている。開所と閉所の時間は園によって異なり、時間外保育が設定される時間帯やその名称もさまざまである。

(1) 早朝保育・長時間保育

　通常保育時間の前後に1〜2時間程度の保育時間が設定されている保育形態のことを早朝保育あるいは長時間保育と呼び、これを狭義の時間外保育と呼ぶこともある。
　比較的利用者が多い時間帯の保育であるので、通常保育との連携を保ちやすく、午後の長時間保育の時間には設定保育を導入することも可能

である。特に午睡の時間を十分に取る園の場合、午後3〜5時の間は身体活動量を大幅に増やす好機である。午前中の戸外遊びに加えて、この時間帯に十分に体を使った遊びに打ち込めれば、身体運動能力の向上のみならず生活リズム全般に良い影響を与え、心身の健康な発達を支えることにつながる。

(2) 延長保育

　延長保育は、11時間という標準的な開所時間よりも長時間の保育を行っている園において、長時間保育後の1〜2時間程度の時間帯として設定されることが多い。夜間保育を行っている園では、午前中の時間（例えば9:00〜11:00）を延長保育と呼んでいる。

　延長保育の利用は、制度的にも保護者の心理的にも比較的ハードルが高いものであり、なにより子どもの心身への負荷が大きいものである。保育者は、保護者の心理的負担と子どもの心身への負荷の両面について十分に配慮した指導計画を立てながら対応していかなければならない。

　延長保育では、子どもの身体的疲れや覚醒の状態および不安や寂しさといった感情面への配慮が欠かせない。子どもに寄り添い、いっしょに活動できる内容をより多く取り入れていきたい。この時間帯は保育者の数も少なく、また担任の先生がずっといっしょにいるとも限らない。したがって、担任以外の保育者と子どもとの信頼関係構築と保育者間での確実な情報共有および引き継ぎのしくみを指導計画に反映させておく（**図表2**）。

3．預かり保育

　幼稚園において、1日4時間の標準教育時間の終了後に行う教育活動のことを預かり保育という。預かり保育は「教育活動」の一環ではあるが、そこで展開される教育内容や留意点は、保育所における時間外保育の場合と類似している。

図表2　延長保育の指導計画例（日案）

6月12日(火)	縦割りクラス　4・5歳児		延長	8名	
ねらい	・園生活、延長保育へ慣れたことによる自主的な活動を尊重する。 ・中期的な疲労が出やすい時期であることを考慮し、休息を取りながら穏やかに過ごす。 ・梅雨時の生活に向けて、衛生管理の意識を高める。		今月行事	1（金）年中　懇談会 6（水）〜7（木）年長　お泊まり保育 25（月）プール開き	
			今週	12（火）歯科検診 14（木）調理保育	
時間	活動		留意事項		環境構成
16:00	降園準備		・持ち物の整理：取り違えがないか確認。		・子どもが自分で準備できるように、持ち物の配置を整え、見やすく、取り出しやすくしておく。
16:30	延長保育開始		・戸外から室内へ移動：手洗い、うがいの徹底、着替え。 ・職員間申し送り事項の確認。		・手洗いポスター・ばいきんポスター掲出。
17:00	室内自由遊び		・延長保育メンバーの確定・確認。 ・疲労による注意力低下、いざこざの発生に注意する。		・子どもの人数・興味に応じた玩具・遊びコーナーの設置。 ・休息できるスペースの確保。 ・落ち着いて過ごせる家庭的な空間づくり：不要なモノの片づけ、室温調節。
			・縦割り移行による異年齢児の組み合わせやグループの把握。		・可能な範囲で異年齢の関わりを促進。 ・5歳児、4歳児を混在させた座席配置。
18:00	補食 (順次降園)		・食欲（食事量）、食事時の様子確認、記録。 ・お迎えの保護者への伝達事項や配布物の確認。		・補食の準備、後片づけの手伝いがしやすい場所へワゴンを配置。
19:00	全員降園完了		・忘れ物チェック。		・忘れ物コーナーを整理して見やすくしておく。
子どもの記録	みきおくん：しょうたくんとプラレールの取り合い時に手がぶつかり鼻血→5分ほどで止血。	りさちゃん：補食をほとんど食べずに残す。 みかちゃん：井上先生にずっとくっつき、甘えるが、泣くことはない。		**保護者への連絡** ・かずおくん：調理保育セットの準備を再確認 ・りえちゃん：歯科検診の結果について説明 ・ふだんより子どもの数が少なく、静かに落ち着いて過ごせているが、心配が増している子がいる。 ・今週はお父さんのお迎えばかりになっていることについて、ねぎらいの言葉をかける。	
	けいすけくん：午睡以降あまり元気がなく、大好きな塗り絵にも集中できない。 18:00：37.4℃	ゆうたくん：補食お代わり。みきおくんの鼻血を心配し、止血を手伝う。			

（筆者作成）

(1) 預かり保育の実態

　預かり保育を実施している幼稚園は、私立で約9割、公立で約5割に上り（**図表3**）、受け入れ幼児数は、公私立平均で1園当たり約14人であった。さらに、週4日以上利用する幼児数は、公私立合わせて全国で10万人を超え、その多く（約8割）が保護者の就労を理由としている。このような預かり保育の実態は、幼保一元化推進の根拠の一つとなっている。

(2) 預かり保育の留意事項

　預かり保育の留意事項については幼稚園教育要領に以下のように示されている。すなわち、①幼児期にふさわしい活動を教育課程担当の教師と緊密な連携をとりながら展開すること、②家庭や地域での幼児の生活を考慮して計画を作成すること、③保護者が幼稚園と共に幼児を育てるという意識が高まるように配慮すること、④幼児の生活リズムを踏まえつつ、日数や時間などについて弾力的に運用すること、などである。

　標準の教育時間を終えた子どもの心身の疲労を十分に考慮した教育内容や環境構成が求められる点は、保育所における時間外保育と同じである。子どもの心身への負荷が小さく、家庭的で安全な環境構成を実現す

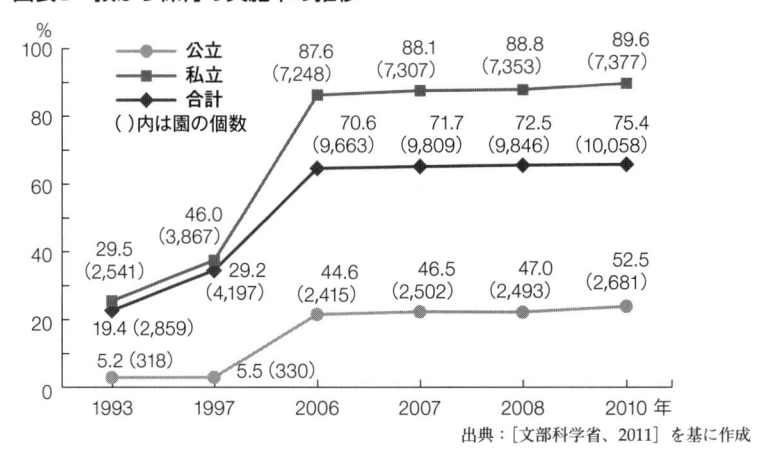

図表3　預かり保育の実施率の推移

年	公立	私立	合計
1993	5.2 (318)	29.5 (2,541)	19.4 (2,859)
1997	5.5 (330)	46.0 (3,867)	29.2 (4,197)
2006	22 (※)	87.6 (7,248)	70.6 (9,663)
2007	—	88.1 (7,307)	71.7 (9,809)
2008	—	88.8 (7,353)	72.5 (9,846)
2010	—	89.6 (7,377)	75.4 (10,058)

※（　）内は園の個数

2006年: 44.6 (2,415)、2007年: 46.5 (2,502)、2008年: 47.0 (2,493)、2010年: 52.5 (2,681)

出典：［文部科学省、2011］を基に作成

ることが重要である。また、園によっては預かり保育専門の職員を配置するなどしているが、そのようなケースに限らず、標準教育課程から預かり保育へ移行する際の職員間の引き継ぎを徹底し、子どもにとっての園生活が分断されないように十分配慮することが大切である。

4. 休日保育

休日保育は、子どもの数は少ないが、保育時間としては平日と全く同じか、延長保育を除いた時間と同じに設定されることが多い。保護者の事情で限定的に預けられる子どももいるが、クラスの子どもたちのメンバーにあまり大きな変化は見られないのが通例である。

(1) 土・日・祝日

保護者の勤務形態に合わせて恒常的に休日保育を利用する子どもも多い。園生活のリズムや保育内容は平日保育の場合と大きな違いはないが、担任も含めた保育者の構成が大きく異なることがある。また、登園する子どもの数が少ないことから、異年齢保育が導入されたり、平日と異なる部屋で過ごしたりといった変化を指導計画に反映させる。

(2) 長期休暇（夏季休暇、冬季休暇等）

小学校や中学校に通う兄姉の夏休みや冬休みといった長期休暇中には、兄姉の生活リズムに合わせて登降園の時間が変わったり、それに伴う保育時間の短縮が生じたりする。また、長期休暇中には家族旅行や帰省などの家庭内行事が増えて、園を欠席する日数が増えたり、特に保護者の休暇が集中する時期には登園する子どもの数が極端に減ったりする。

しかし、このような長期休暇中の保育は、他の保育形態と比較して園としての対策は立てやすい。この保育形態での留意点は、具体的な保育内容というよりも、子どもとの日常的なやり取りの場面である。例えば、クラスの子ども全員に対して一斉に長期休暇中の思い出話などを表現さ

せる際には、十分な配慮が必要である。

5．一時保育

　一時保育とは、通常は認可保育所に在籍していない子どもを週1～3回程度、曜日や時間帯にかかわらず保育する制度のことである。近年特にニーズが高まっている保育形態の一つである。

- ・非定型保育……保護者の就労形態に合わせて、通常週3日を限度として、ほぼ固定された曜日や時間で預かる一時保育。
- ・緊急保育……保護者の短期的入院や冠婚葬祭などを理由とする一時保育。
- ・リフレッシュ保育……保護者の心身の負担を軽減するために利用される一時保育。

　1～2時間という短時間あるいは1日限りで完結する保育であっても、保育の営みであることになんら変わりはない。実際に預かることになった子ども一人ひとりに応じた指導計画を立てることは難しいが、園生活で子どもが取り組む活動や課題自体は、定型保育と大きな差はない。多くの時間を要する製作、歌やダンスの練習などは適さないが、製作の基礎となるハサミや糊などの道具を使った遊びを取り入れることは十分に可能であるし、またそうすることで、家庭内での保育や他園での保育との連携や連続性が保たれることになる。

6．病児・病後児保育

　病児・病後児保育とは、子どもに急な発熱やせきなどが出始めた風邪の初期段階や、はしかなどの感染症治療後の回復期などに利用される保育形態のことである。病院や診療所内に設置された専用スペースで医師や看護師による積極的な治療や看護を受けながら預かる医療機関型や、保育所内に設置された専用スペースで預かる方法などがある。

　いずれの形態でも、最優先されるのは子どもの健康状態のチェックで

あり、十分な休息である。さらに病児・病後児は、通常よりも高い不安状態を示すことが多く、また保護者も強い不安や看病による身体の疲労が見られることが多いことにも配慮した計画を立てる必要がある。

第2節 統合保育の指導計画と留意点

1. 統合保育計画の意義と特徴

「気になる子」や障害のある子どもを園の通常クラスで保育することは、必ずしも「普通」の生活習慣や行動、性格の形成などを支援することを目的としているわけではない。「普通」であることを必要以上に求めれば、保育は強制的関わりが多くなり、子どもはもちろん、保護者や保育者にも心身の負担が大きくなるだけである。

統合保育の場は、発達段階や知的能力、社会性や情動表出などさまざまな側面の個人差が極めて大きい集団を形成している。その中で子どもたちが互いの「差」を受け入れ、励まし合い困惑し合いながら育ち合える環境を整え、導くことが統合保育の意義であり目指すところである。

2. 統合保育の指導計画

統合保育の指導計画は、全体計画と個別計画の2つから成り立っている。どちらも個に応じた適切な支援の実現にとって重要であるが、統合保育の意義やメリットを最大限引き出すために、個別計画が保育全体の中でどのように位置づけられているかを常に意識しておきたい。

(1) 全体計画

保育所保育指針では「適切な環境の下で、障害のある子どもが他の子

どもとの生活を通して共に成長できるよう」に指導計画を作成すること が示されている。このことは、通常クラスの指導計画と障害のある子どもの個別計画とを単に並行記述すればよいというわけではない。

　例えば、運動会のリレー競技において、他者との関わりや周囲の状況への適応が難しい子どもがいたとき、「リレーは無理だからその時間は好きなブロック遊びをして待っていてもらう」ことは統合保育計画としてふさわしいだろうか。その子どもの様子を保育者や他の子どもたちが十分に理解すれば、練習の過程で、バトンの「受け」と「渡し」がある2、3番手の走者は難しいかもしれないが「受け」だけのアンカーならできるかもしれないと気づいたり、アンカーだと周囲が既にゴールした後に一人で走る場面に遭遇したりその後の挽回ができなかったりするから第1走者をやってもらおう、というアイデアが出たりする。そのような相互の関わりや気づきをもたらすような全体計画を作成しておきたい。

(2) 個別計画

　個別計画作成において重要なことは、障害のある子ども一人ひとりの状況を的確に把握することである。たとえ同じ障害診断を受けていても、実際にその子どもができることや得意なことはそれぞれ異なり、性格もさまざまである。したがって、個別計画作成の際には「アスペルガー症候群の子どもの場合は」というような障害診断を出発点とするようなトップダウン的な発想は避けるべきである。

　個別計画内の具体的計画においては、詳細な課題分析が有効である。例えば、軽度発達障害のある子どもへの計画として、園庭遊びから室内に入るときの手洗いについて「石けんを使って丁寧に洗いましょう」というメッセージの伝達にとどまることのないようにする。①蛇口を回す、②手を水に濡らす、③石けんを手でもむ、④手のひらをよくこする、⑤手の甲をよくこする……というように、子どもの理解に応じて課題分析の細かさを調整しながら、混乱なく課題が遂行できる環境を構成する。

また、その際に適切なイラストや写真を活用したボードやポスターでフロー（手順表）を掲示したり、一つ一つの課題が終わるたびに貼りつけられる「終わったマーク」を活用したりするのも効果的である。

3. 統合保育計画の作成と実施の留意点

(1) 周囲の子どもへの配慮と関わり方

「あの子だけ別のことをしている」「あの子は悪い子だ」「あの子は叱られないのに、自分だけ叱られる」というように、子どもどうしの関係性が発達するのに従って、障害のある子どもと自分との比較、批判、羨望などの反応が子どもたちの間にあふれてくる。そのような反応に対してその場しのぎで「そんなこと気にしないの」とごまかすことは、子ども個人にとっても園全体にとっても望ましいことではない。同様に、他を批判する態度を無条件に押さえつけることも望ましくない。

どのような訴えであっても、保育者は子どもの言動と真摯に向き合い、その訴えの本質や背景に目を向けること、そして私はあなたのことを真剣に考えているということを子どもたちに伝えていくことが、周囲の子どもへの対応の基本である。

(2) 周囲の子どもの保護者への配慮と関わり方

障害のある子どもの様子について、保護者自身が他の保護者へ状況を打ち明け、理解を求めることは理想的ではあるが、現実には当該保護者の心理的負担が大きく、実現は難しい。園や保育者が統一的・計画的な保護者対応策を考え、周囲の保護者に対する障害や保育方法についての理解を深めてもらえる方法を事前に準備して、長期計画に明確に示しておくことが望ましい。

障害のある子どもの保護者の希望に応じながら、例えば園外の連携機関の専門家に協力を仰いで、障害や統合保育に関する説明会や勉強会などを実施することも有効である。

第3節　気になる子どもの指導案

1．気になる子ども

（1）気になる子どもの存在

　前節で述べた統合保育の営みは、入園時において「気になる子」に関するさまざまな情報が家庭、園、保育者、行政（自治体）で共有されていることが多い。この状況にある「気になる子」は、障害診断が比較的早期に、また明確になされているケースであり、その場合はもはや狭義の「気になる子」の定義には当てはまらない。

　しかし実際には、「気になる子」であることが保護者や保育者に認識されにくいケースも多い。特に知的障害を伴わない発達障害の場合は早期のスクリーニングが難しく、保護者にとっても保育者にとっても「気になる子」のまま経過することが多い。

（2）気になる子どもの行動：どんな行動がどのように気になるのか？

　降園時に迎えに来た母親が子どもに「○○ちゃん、お支度をして」と声をかけているにもかかわらず、いっこうに帰り支度をしない子どもは「気になる子」なのだろうか。指示に従わず支度をしない、という結果だけを見れば、気になる子や発達障害の可能性もあるが、そのどちらでもない可能性も十分にある。気になる行動がどのような場面でどのくらいの頻度でどのような共通性を持って生じているのかを日頃から観察することが重要である。**図表4**のように、それぞれの障害特有の気になる行動であることが分かれば、より適した対応を取りやすくなる。

図表4　気になる子どもの行動

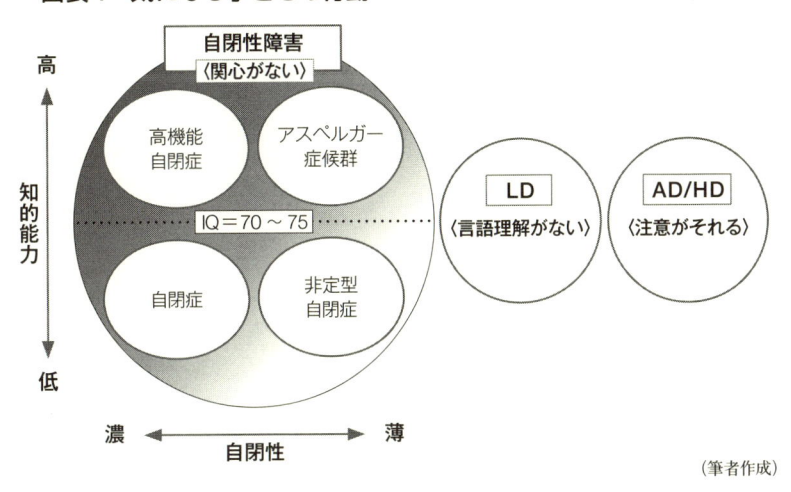

```
                 自閉性障害
                 〈関心がない〉
高 ↑
         高機能        アスペルガー
知       自閉症        症候群
的                                      LD            AD/HD
能       ――― IQ=70～75 ―――        〈言語理解がない〉  〈注意がそれる〉
力
         自閉症        非定型
                       自閉症
低 ↓
        濃 ←――― 自閉性 ―――→ 薄
```

(筆者作成)

(3) 自閉症スペクトラムの考え方

　発達障害の行動特徴や気になる行動の現れ方、あるいはその強度（濃淡）を連続的に捉え、あえて障害診断間の境界を緩やかにすることで、障害のある子どもたちの実際に即した見立てをすることが増えている。このような考え方を自閉症スペクトラムと呼び、より柔軟な障害の理解と対応の必要性を訴えている。

2. 気になる子どもの指導計画と留意点

(1) 気になる子どもの指導計画作成の基本姿勢

　障害診断は指導計画作成の参考にはなるが、診断名に頼りすぎる指導計画は実効性に欠け、むしろ子どもたちの個性への気づきを失う可能性もある。保育者には障害に関するある程度の専門知識は必須であるが、その専門知識に基づいたトップダウン式の保育実践とならないように配慮する。指導計画はあくまでもそれぞれの子ども個人に向けて作成されるものであり、障害ごとの対応策を記すものではない。

(2) 保護者への計画的対応

　保護者と保育者が「気になる行動」への共通理解を形成することは容易ではない。園生活で気づいた「気になる行動」を保育者から保護者に伝えるとき、「紙芝居のときにいつもじっと座っていられなくて困っている」というだけで終わりにするのではなく、「でも保育者のすぐ隣を定位置にしたら落ち着いて見ていましたよ」とか「足をそろえる位置や、いすをそろえる位置にシールを貼ったらあちこち動き回らずにいられましたよ」というように、気になることがあったがこうやったらうまくできた、ということを伝えることが大切である。そうすることで、園と保護者の双方が気になる行動をより明確に把握でき、家庭でも保護者が子どもに対してより良い対応を継続していけるきっかけを示すことになるだろう。

　どの保育形態の指導計画でも、評価・修正を継続することが重要である。保育時間や統合保育の構成メンバーによるダイナミックな子ども集団の変化と週間・月間の子どもの発達的変化をしっかり捉え、その瞬間ごとの子どもへの理解を次の計画に反映させたい。

【引用・参考文献】

磯部裕子『教育課程の理論——保育におけるカリキュラム・デザイン』萌文書林、2003年

伊藤健次編『新・障害のある子どもの保育〔第2版〕』（新時代の保育双書）みらい、2011年

尾崎康子・小林真・水内豊和・阿部美穂子編『よくわかる障害児保育』ミネルヴァ書房、2010年

鯨岡峻『両義性の発達心理学——養育・保育・障害児教育と原初的コミュニケーション』ミネルヴァ書房、1998年

文部科学省「平成22年度　幼児教育実態調査」2011年5月

第12章
行事を生かす保育の実際

宍戸　良子

第1節 年間計画と行事

1. 行事とは何か

　幼稚園や保育所では、地域の特性を生かしながら、園生活に変化や潤いを与える行事が取り入れられている。**図表1**は、ある幼稚園の年間行事計画の一例である。年間を通してどのような行事が計画されているか見てみよう。また、あなたの地域の幼稚園や保育所ではどのような行事が取り入れられているか調べてみよう。

　行事は、その特徴から大きく2つに分類できよう。1つは、四季折々の変化の中に織り込まれた日本の伝統的な行事であり、もう1つは、日々の生活に感動体験などをもたらす園生活ならではの行事である。伝統的な季節の行事としては、豆まき（2月）、ひな祭り（3月）、端午の節句（5

図表1　ある幼稚園の年間行事計画の一例

4月	5月	6月	7月	8月	9月
入園式	こどもの日の集い	衣替え	七夕まつり	お泊り保育	お月見
	春季遠足	園外保育			園外保育
保育参観	家庭訪問	保育参観	保育参観		祖父母参観
	避難訓練	プール開き			避難訓練
誕生会	誕生会	誕生会	誕生会	誕生会	誕生会
発育測定	発育測定	発育測定	発育測定	発育測定	発育測定
10月	11月	12月	1月	2月	3月
衣替え	七五三	もちつき大会	給食試食会	豆まき	ひなまつり
秋季遠足	園外保育	お楽しみ会	園外保育		お別れ遠足
運動会	保育参観	保育参観		生活発表会	お別れ会
	やきいもパーティー	避難訓練	避難訓練		修了式
誕生会	誕生会	誕生会	誕生会	誕生会	誕生会
発育測定	発育測定	発育測定	発育測定	発育測定	発育測定

（筆者作成）

月)、七夕 (7月)、お月見 (9月)、七五三 (11月)、クリスマス (12月)、また地域における秋の収穫を祝う祭りなどが挙げられ、日本の伝統やその地域ならではの文化を知る機会となる。園生活ならではの行事としては、誕生会、運動会、発表会、園外保育などが挙げられる。その他、発育測定や保護者による保育参観など、子どもたちの心身の健康的な発達を見守り、成長をあらためて実感する機会となる行事もある。

日々の生活に楽しみやうれしさ、期待や発見、感動をもたらし、生活を豊かにしていく行事の実施のあり方を考えていこう。

2. 行事の位置づけ、配置の視点

年間計画に行事をどのように位置づけるかを考える際に、ポイントとなる4つの視点を次に示す。

(1) 豊かな季節感を育む機会に

日本には四季があり、すばらしい自然の恵みに包まれている。「環境」の領域では、季節感を取り入れた園生活を体験することを通して、「季節により自然や人間の生活に変化があることに気付く」ことの大切さや、四季折々の変化に触れることができるように、園外保育等を計画していくことの必要性が記載されている。昨今は地域によっては核家族化や地域のつながりの希薄化が進み、また生活スタイルや環境の変化に伴い、季節感が薄れ、これまで家庭や地域の中で営まれてきた伝統文化の衰退も珍しくない。このような現状の中で、幼稚園や保育所において季節を味わう行事を取り入れ補完していくことは、ますますグローバル化が進む今日的状況という視点からも、日本人としてのアイデンティティを培うために重要な意味を持つと考えられる。

(2) 子どもの成長・飛躍の場として

どの園でも実施されることが多い行事の一つに、運動会が挙げられる。

運動会が近づくと、「もっと速く走れるように、練習するんだ」と登園するとすぐに園庭へ駆け出していく子どもの姿が見られることもしばしばである。子どもたちは、年長児として、グループとして、クラスの一員として……といった所属感や立場を意識しながら、意識的に課題に向き合い、存分に自分の力を発揮し、達成感や満足感を得る。自信をつけて、運動会後から泣かないで登園できるようになる年少児の姿などが見られることもある。このように、行事は子どもにとって一つの飛躍・成長の機会となるのである。そのほか、七五三や誕生会といったように、子どもの成長の節目を確認する行事もある。それぞれの意義を理解し、実態に合わせて実施していこう。

(3) 保護者の参加の機会に

　日々、孤独感を抱えながら子育てをしている保護者は少なくない。『保育所保育指針解説書』には、「家庭や地域の養育機能が低下している今日、家族が積極的に保育所での生活に参加し、子育ての喜びを共有していくための行事も大切」であると記載されている。家庭を支援することも保育者に求められる責務の一つであることを念頭に置き、クラスだよりを活用したり、保育参観の内容を吟味したりするなど、保護者どうしの連携を密にしていく一つの機会として行事を生かしながら、子どものより良い育ちをサポートしていく大人集団としての結束力を高めていくことが大切となる。

(4) 子どもの負担にならないように

　行事は子供の生活に変化や潤いをもたらすものであることが望まれる。行事の成功を意識するあまり、結果を重視し、その過程における子どもの育ちや、そもそもその行事の持つ意味などを軽視してしまうことは、本末転倒である。『幼稚園教育要領解説』においても、特に留意する事項の一つとして「行事の指導」を取り上げており、結果や出来栄えに過

度な期待をすることでの幼児の負担を懸念している。

　子どもにとっても、保育者にとっても窮屈なものとならないよう、十分に内容を精選していくことが重要となる。

第2節　行事の捉え方

1. 行事の意義

(1) 子どもの生活の中で

　行事を展開していく際、『幼稚園教育要領解説』には、長期の指導計画を念頭に置いて幼児の生活に即して必要な体験が得られるように配慮し、また遊びや生活への意欲が高まるような機会になるように考慮する必要性が記載されている。

　図表2は、ある4歳児クラスにおいて、1学期初めから2学期末まで、長期的なスパンで実施された活動の一例である。絵本の読み聞かせから始まり、ペープサートによる遊び、身体表現活動、劇遊び、劇と発展していった。一連の流れの中で、子どもたちはストーリーに親しみを持ち、セリフや身体の動き、友達との掛け合いを楽しみ、じっくりと題材のおもしろさを味わった。

　遊びが収束に向かっていく頃、保育者が発表会を提示すると、子どもたちは自分たちが大好きな遊びを保護者に見てもらい、その楽しさを共有したい一心で、劇への期待感や演じることへの意欲を高めていく。家庭でもセリフを口ずさむ子どもの姿が見られ、ときには保護者から「ママもやってとせがまれて、最後には家族皆で演じました」などとほほえましいエピソードを聞くこともある。こうして迎える発表会当日には、子どもは心から演じることを楽しみ、保護者は子どもの成長を実感する

図表2　4歳児クラスにおける活動と行事の展開の一例

題材：ロシア民話『おおきなかぶ』（A・トルストイ作　福音館書店　1966）		
1学期初め	絵本	読み聞かせを行う。日常の中でも自由に手に取って読むことができるように本棚に提示しておく。
1学期中期	ペープサート	絵本の登場人物のペープサートを動かしながら、イメージを膨らませて遊ぶ。保育室の壁面にペープサートコーナーを設置し、いつでも自由に触って遊べるようにする。
1学期末	身体表現	全員でセリフを言いながら全ての役になりきって身体表現を行う。「ウントコショ、ドッコイショ」の部分では保育者がカブの役になり、手をつないで引っ張り合うことを楽しむ。
2学期初め	身体表現（役割分担）	子どもたちが好きな役を1つ選び、お面をつけて役を演じる。毎回自分の好きな役を選んで行う。
2学期中期	劇遊び	子どもたちがいつでも遊べるようなコーナーを作り、お面やカブ（製作物）を置いておく。
2学期末	劇発表会	クラスみんなで楽しく取り組んできた劇遊びを保護者に見てもらおうと提案し、どのように演じると楽しんで見てもらえるか話し合う場を設けながら、何度かみんなで演じる機会を設ける。

（筆者作成）

機会となる。発表会後も生活の中で、セリフを掛け声にしたり、役になりきったりしながら、豊かに表現することを楽しむ姿が見られる。

　繰り返しのあるストーリーは親しみやすく、また「ウントコショ　ドッコイショ」などの言葉の音の響きやリズムの楽しさは、言葉の感覚を豊かにしていくものとして、『幼稚園教育要領解説』でも取り上げている（第2章第2節4）。

　このほか、同様に子どもたちに絶大な人気がある題材には、北欧民話『三びきのやぎのがらがらどん』（福音館書店、1965）やグリム童話『オオカミと七ひきのこやぎ』（福音館書店、1967）などがある。

　このように、行事が喜びや感動とともに子どもたちの日々の生活のストーリーの中に織り込まれ、生活を豊かにしていくものとなるよう、実施する時期や内容を吟味していこう。

（2）保護者と共に

　行事は、子どものみならず保護者間の連携や地域とのつながりを豊かにしていくものともなりうる。

『シナリオのない保育』には、見ず知らずで会話もままならない保護者らが、全員で1つのことに向けて取り組む行事をきっかけとして、積極的に交流し始め、子どもといっしょに園生活を盛り上げ、共に成長していくプロセスが紹介されている［岩附、2004］。岩附啓子は、保護者を「手を携えて共に子育てを考え合っていくパートナー」と表現し、行事の出し物などを通して、子どもばかりでなく保護者も保育者もみんなが主人公となって保育を展開していくことの魅力を紹介している。実習生や新任の保育者にとって保護者という存在は、一見とっつきにくく、もしかしたら避けたい存在であるかもしれない。しかし、保護者は間違いなく子どもと共に生活する一番の理解者であることを念頭に置き、一歩踏み出し連携を図っていくことは、子どものよりよい育ちを支援していくことにつながっていくのである。岩附は、信頼関係を築くキーワードは「子どもを夢中にさせる保育」であると述べている。行事はその一歩を踏み出す絶好の機会であると言える。

2. 捉え方によって取り組み方が変わる

(1) 保育目標との関連性

　行事を計画・実施するに当たり、大切となるのは「育てたい子ども像」との関連性である。つまり、保育目標をどのように設定するかによって、保育者の指導のあり方、活動の展開、行事を通して重視する子どもの姿が大きく変化していくこととなる。

　ゆえに、園としての方針を明らかにし、保育者間で共通認識を持ったうえで、行事を計画・実施していくことが重要となる。

　行事における保育者間での連携のあり方について、運動会を一例に考えてみよう。**図表3**は、運動会を通して「子どもの主体的取り組み」や「年少児・年長児それぞれの心身の育ち」を目標に掲げている園の活動の指導事例である。

　年長児クラスにおいては、前年度の経験を生かして"自分たちの運動

会"を運営していけるように話し合いの場を設け、イメージを膨らませながら積極的に運動会に臨む姿を支援している。

　年少児クラスでは、未知なる運動会が、憧れの年長児の姿やアドバイスを通して期待できるものとなり、入園時からの園での経験を最大限に生かしながら、自信を持って挑戦していこうとする姿を支援している。

　このように、保育者間において共通認識を持ち、見通しを持って行事を進めていくことで、子どもたちの喜びや感動、達成感を皆で共有しながら、子ども一人ひとりのよりよい成長を見守っていくことが可能となるのである。

(2) どこまで保育者が決めるのか

　保育目標との関連性を述べたが、行事を展開していくうえで子どもの意見や保護者の意見をどのように取り入れていくかということも大きなポイントの一つとなる。

　行事というと、保育者が主体となって設定していくイメージが強いのではないだろうか。「行事が多すぎて大変」という保育者の声をよく耳

図表3　運動会に向けての活動の指導事例

年長児クラスでの指導	年少児クラスでの指導
・子どもたちの興味・関心に基づいてテーマを定め、活動の中に、身体を動かす活動や身体表現活動を取り入れる。 （例）忍者の修行	・自由遊びの中で、身体を動かすことへ興味関心を持つ姿を支援していく。
・一斉活動の中で、経験を生かしながら、今年はどのような運動会にしたいかを話し合う場を設け、クラス全員でプログラムを考える。	・一斉活動の中で体を動かす活動（走る、跳ぶ等）や身体表現活動（○○になりきる遊び、ダンス等）を取り入れ、身体を動かす心地良さや楽しさを共有していく。
・年長児が年少児に対して、運動会とは何か、運動会でやってほしいことを伝達する機会を設ける。 （例）年長児：「年少さんには、踊りを踊ってほしいの」「運動会では"よーい・ドン！"もあるんだよ」	・年長児からの伝達を受けて、運動会のイメージを高める機会を設ける。 （例）保育者：「皆で何を踊ろうか？」「運動会では、かけっこもやれるんだって。この間みんなでちょうどやったよね」
・子どもたちが運動会への期待を高める姿を見守り、支援していく。	・子どもたちが運動会への期待を高める姿を見守り、支援していく。

（筆者作成）

にする。現在、各園ではその園の特徴や伝統、また保護者の意向を大切にしながら、さまざまなやり方で行事を展開している。取り組み方に幅があることは、たいへんユニークな点であると言える。一方で気をつけなければならないことは、マンネリ化や、内容を吟味せず実施することばかりに注意が注がれ、行事を行う本来の意義からそれてしまうことである。ゆえに、日々の保育との関係やそのクラスの雰囲気、個々の声を生かしながら、絶えずその意味をよく考えて、柔軟に行事を展開していくことが大切となる。

第3節　行事の計画の実際

1. さまざまな行事の展開

(1)「誕生会」の実践例

　幼児期の心身の成長は著しい。保護者にとって、子どもの健やかな成長はとてもうれしいことである。どの園でも実施されることが多い誕生会は、子どもたち自身が1つ年を重ねることの意味を実感する貴重な機会である。

　ある園では、特別な日を皆で祝うことの喜びを大切にし、年少児クラスと年長児クラス合同でお誕生会を実施している。またある園では、誕生児の保護者を園に招待し、赤ちゃんの頃からのエピソードを話してもらったり、子どもから母親へ産んでくれたことへの感謝の気持ちを表現したりする機会を設けている。またある園では、本物のろうそくを用いて誕生日を祝う。保育者が火をともすと、子どもたちはシーンと静まりかえってろうそくを見つめ、誕生児はやや緊張した面持ちながらも自信を持って火を吹き消す姿が見られる。また、子ども一人ひとりがお祝い

の気持ちを言葉にして伝えることや感謝の気持ちを言葉で表すことを大切にしている園もある。

このように、子どもにとっての誕生日を迎えることの意味を深く受け止め、個を尊重した保育実践は多様に存在する。大切にしたい経験や育んでいきたい姿などを考慮しながら、オリジナルの心に残る誕生会を計画・実施し、子どもたち一人ひとりの成長を祝っていきたいものである。

(2)「園外保育」の実践例1

次に、「園外保育」を取り上げてみよう。園を飛び出し、さまざまな人々に出会い、園内では経験できない非日常の体験をすることは、日々の生活に変化や潤いをもたらす。豊かな学びの場となるように、子どもの実態に合わせて、いつ、どこで、どのように実施するかなどについて計画を立てていくことが重要となる。実施計画案を立てるうえでのポイントは、次のとおりである。

- 〈実施のねらい〉は何か
- 〈実施日〉はいつか
- 〈行き先〉はどこか
- 行き先の〈緊急連絡先〉はどこか
- 現地までの〈行き方(地図)〉はどのようになるか
- 〈必要となる経費〉はいくらか
- 〈活動の流れ〉をどのようにするか
- 〈所要時間〉はどのくらいか
- 〈事前・事後指導〉をどのように行うか

このように実施するに当たっての詳細を明確にし、実施計画案を作成する。また、職員会議等で教職員間の共通理解を図り、安全面に十分配慮し実施していく。なお、保護者にはクラス懇談やお便り等を活用し、事前に持ち物などを知らせておこう。

実施後は、ねらい、準備物、事前指導、当日の流れ等の振り返りに加

え、保育者間で子ども一人ひとりの姿を共有しながら、経験を今後の保育にどのように生かしていくか、今後の見通しを立てる機会を持つことが大切となる。また、園外保育などで見られた子どものたちの姿をお便りにして配布したり、写真にコメントをつけて掲示したりすることにより、子どもたちも保護者らも体験を共有することが可能となる。これらが、楽しかった思い出を語り合ったり、遊びの中で子ども自身が経験を振り返ったりするきっかけとなって、さらに遊びが深まり、感動体験として心に残るものとなっていけば幸いである。

(3)「園外保育」の実践例2

　数々の保育実践の中には、安全面への配慮と、ある程度想定される方向性の予測以外は、いつ、どこで、どのように実施するかという綿密な計画を持たずに、その時、その場に居合わせた子どもたちから挙がる声を尊重し、半ば出たとこ勝負で探検という名の園外保育に出かける場合もある。子どもたちは、大人からすると何でもないような街角で見かける置き物や、注意深く見ないと目に留まらないような生き物などから、実にユーモアあふれる発想でどんどん想像を膨らませながら探検を進めていく。園や家庭に帰ってからも、その関心は持続し、子どもたちどうしで話し込んだり、絵に描いて表現したりする姿が見られる。

　ここでは、未知だからこそワクワクする気持ちや、確かめてみよう、試してみようと子どもたちが自らの興味・関心に従って熱中する姿や、そこから得られる個々の学びを何よりも尊重しており、日々の保育や行事が、学びの過程を支えるものとして十分な幅を持たせて用意されている。このような場合、すぐに目に見える形での答えや成果が得られるとは限らない。しかしこういった取り組みの中にも、子どもに育まれる大切な学びがあることを保護者に理解してもらえるよう、保育者は説明責任を果たしていくことが求められるのである。実際に、このような経験の中で育まれる子どもの力は、大人の想像をはるかに超える豊かなもの

であり、保育者も保護者も、明日の保育が楽しくてたまらないものとなるに違いない。

2. 行事を行うことの意義を考えること

　前項において、同一の行事でありながら多様な実践例を紹介し、混乱を招く要素があるのではないかと推察する。

　行事の展開方法は多様であり、だからこそ子どもたちのさまざまな姿を捉えることができ、おもしろいのである。また、多様でありながらも一貫していることは、その行事の持つ意義をきちんと捉えて行うことが重要であるということである。その子にとっての意味をよく考え、その行事をいかに展開すべきなのか、子ども、保護者、また地域社会とともに模索し、その実態に即して豊かに展開していきたいものである。

【引用・参考文献】

　岩附啓子『シナリオのない保育——子どもと過ごす極上の時間』ひとなる書房、2004年

　厚生労働省『保育所保育指針解説書』フレーベル館、2008年

　高橋光幸・小黒美月『「クラスだより」で響き合う保育——子どもと親と保育者でつながるしあわせ』かもがわ出版、2011年

　田川浩三『ごっこ・劇遊び・劇づくりの楽しさ』(保育と子育て21) かもがわ出版、2004年

　西久保禮造『実践ハンドブック幼稚園の教育課程と指導計画』ぎょうせい、2008年

　森上史朗・柏女霊峰編『保育用語辞典——子どもと保育を見つめるキーワード〔第6版〕』ミネルヴァ書房、2010年

　文部科学省『幼稚園教育要領解説』フレーベル館、2008年

　谷田貝公昭監修、林邦雄責任編集『保育用語辞典〔第2版〕』一藝社、2011年

第13章

環境の違いによる指導計画の実際

五十嵐淳子

船田　鈴子

第1節　環境の計画

　幼稚園教育要領と保育所保育指針の中に、保育は幼児期の特性を踏まえ「環境を通して行うものであること」を基本とすると強調されている。
　子どもの発達は環境との相互作用を通して、豊かな心情・意欲・態度を身につけていく過程であることを重視し、保育者は計画性を持って環境構成をすることが必要である。
　そこで本章では、子ども自らが園で主体的に環境と出会い、新たな能力を獲得していくことができるように、保育者の援助のあり方、役割、計画の実際について考えていく。

1. 季節による環境の計画

　季節による環境を保育に取り入れる際に保育者がいつも問い直すことは、①季節を配慮した行事が、園生活の自然の流れを損なっていないか、②行事のために、保育者も子どもも振り回されていないか、③子どもの興味や関心に反して、主体性を奪われた型どおりのものになっていないか、④教育的価値観よりも別の目的で行事を行っていて、子どもの負担になっているのではないか、などということである。地域の季節の行事や自然をいかに取り込んでいくかは、保育課程・教育課程の編成に当たっていつも考慮しなければならないことである。
　保育は子どもが主体的に関われるように、その時々の子どもに必要と思われる環境の構成を創造しながら、子どもとともに再構成していくことが大切である。

(1) 季節に沿った地域の行事や自然環境の取り込み

　子どもの発達は環境と切り離して考えることができないが、子どもに

働きかける環境を、ただそのまま受け止めるのではなく、いろいろな配慮を加えて準備し、発達に沿った環境の変化が考慮される必要がある。

例えば、自然的環境の季節一つをとっても、子どもの発達には欠くことのできない重要な環境である。私たちの国のように四季の移り変わりがはっきりし、自然環境に恵まれたところでは、春夏秋冬の季節の特長を生かした活動や環境を考えた生活が展開されるように配慮することが必要である。

豊かな自然にあふれた季節の環境を子どもの頃から大切に思う心を子どもが持つためには、目に見えない春の息吹や、土の中の雪溶け水の音などにまで広がるように、自然の中に子どもを連れ出したり、園生活の中に季節が感じられたりするように組み込んでいくことを考慮することが重要である。

季節を間近に感じられる自然の中で遊ぶことによって、太陽や風、土、水の気配を実感を伴って体験することができる。また、園生活の中に季節が感じられるような環境を配置すると、現代のような社会生活では、なかなか感じにくい季節の変化に気づくこともできる。

地域の季節の行事と生活との関連を生かすことによって、園生活に変化をつけ、充実した楽しい生活が広がっていくと考えられる。

(2) 季節を考慮した環境マップ

子どもたちの生活を見ていると、家庭と園の間を園バスまたは車や電車でただ行き来しているだけで、地域の環境に触れる機会が少ないように思われる。そこで、地域の環境に興味を持てるように、**図表1**のような環境マップを作成し、地域の公園や神社、海や山・川、お祭りや地域の催し事などを季節に沿って考慮し、園生活に取り込んでいくことも重要であると考えられる。

地域の環境を生かしながら、季節による環境を子どもの生活の中にスライドしていくことは、今まで何の気なしに見ていたことが、実際に触

図表1　環境マップ

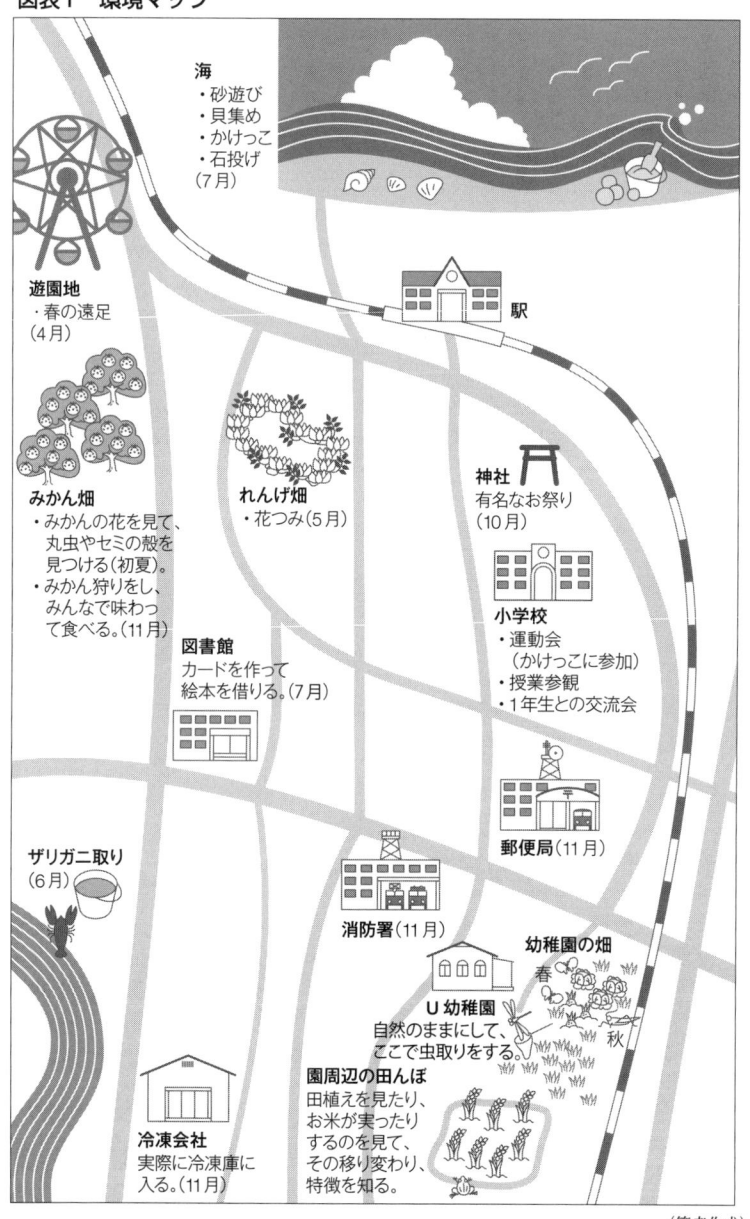

- **海**
  - 砂遊び
  - 貝集め
  - かけっこ
  - 石投げ
  (7月)

- **遊園地**
  - 春の遠足(4月)

- **駅**

- **みかん畑**
  - みかんの花を見て、丸虫やセミの殻を見つける(初夏)。
  - みかん狩りをし、みんなで味わって食べる。(11月)

- **れんげ畑**
  - 花つみ(5月)

- **神社**
  - 有名なお祭り(10月)

- **小学校**
  - 運動会（かけっこに参加）
  - 授業参観
  - 1年生との交流会

- **図書館**
  - カードを作って絵本を借りる。(7月)

- **郵便局**(11月)

- **ザリガニ取り**(6月)

- **消防署**(11月)

- **冷凍会社**
  - 実際に冷凍庫に入る。(11月)

- **U幼稚園**
  - 自然のままにして、ここで虫取りをする。

- **幼稚園の畑**
  - 春
  - 秋

- **園周辺の田んぼ**
  - 田植えを見たり、お米が実ったりするのを見て、その移り変わり、特徴を知る。

(筆者作成)

れることで心に残り、身近な環境として初めて気づいたり心が動かされたりする。

地域の自然環境や季節の変化を保育計画に組み込んでいく場合は、行き当たりばったりに計画するのではなく、年間を通して組み立て、季節や地域の環境を反映しながら、子どもの成長・発達が促されるように方向性を示していくことが大切である。

2. 設備の違いによる配慮

保育の環境には、保育者や子ども等の人的環境と、施設や遊具などの物的環境がある。保育所保育指針の「保育の環境」（第1章3（3））の中にも示されているように、「保育所の設備や環境を整え、保育所の保健的環境や安全の確保などに努めること」や「保育室は、温かな親しみとくつろぎの場となるとともに、生き生きと活動できる場となるように配慮すること」と子どもの生活が豊かになるようにうたってある。

(1) 保育室

保育室は1階にあるか2階にあるかによって配慮のあり方が変わってくる。2階が保育室の場合は、子どもが室内遊びだけに偏らないように、室外活動にも心を動かすことができるような、適切な援助を行うことが求められる。例えば、階段を下りると、そこにはとても魅力的な環境があり、繰り返し遊びたくなるように十分な数の遊具や用具を準備しておく。子どもが自由に使える場所を確保しておくことが大切である。

また、窓の高さ、転倒防備柵、保育室の出入り口の位置（階段の踊り場と直結しないこと）等安全管理に努めることが望まれる。

災害時の避難についても、2階の保育室に対応した避難方法の周知徹底を図ることが重要である。

本来、保育室は、子どもにとって好奇心や探究心に富んだ、豊かな環境になるように配慮し、子ども自らが自由に考えたり、工夫したりする

ことができるような多様な環境にすることが大切である。

(2) 廊下

保育室に入る前に廊下がある場合は、**図表2**のように廊下の環境を構成し、子ども自身が気持ちの立て直しをしたり、中の様子をうかがったりすることができるようにする。

(3) 園庭や砂場

共同で使う場であることを認識できるように配慮する。砂場は樹木の下に配置されているか否かによって自然現象の影響に変化が伴うことを考慮する。例えば、藤棚があれば害虫駆除、なければ日よけ設定等、季節を考えた環境構成になるようにポイントを押さえ、子どもたちが充実した園生活を送れることが大切である。

園庭においても広さや数を考慮し、安心して活動できる場になるように配慮する。活動が楽しいと感じられるように、狭くて通りにくかったり視界が遮られたりする場がある場合は、子どもたちの動き方や目の高さになってみて、改善するところがあれば考慮していく必要がある。

また、園庭の狭いところは固定遊具などの配置に注意し、滑り台、雲梯などといった独立した固定遊具を、それぞれの遊具の機能を兼ね備えたものにまとめ、スペースを取らないように考慮するとよい。

園に砂場が2つある場合はよいが、1つしかない場合は、3歳未満児と3歳児以上では砂場での活動に差異があることを認識し、新学期等は使用時間をずらしたり、砂場の周りに用具を置いたりして自由に操作できるような環境を配置する。

(4) トイレ

3歳未満児は、トイレの閉鎖性をなくしオープンにすることで、安心感を持って出入りできる。また床の段差をなくし、トイレ用スリッパの

図表2　保育室と廊下の環境構成例

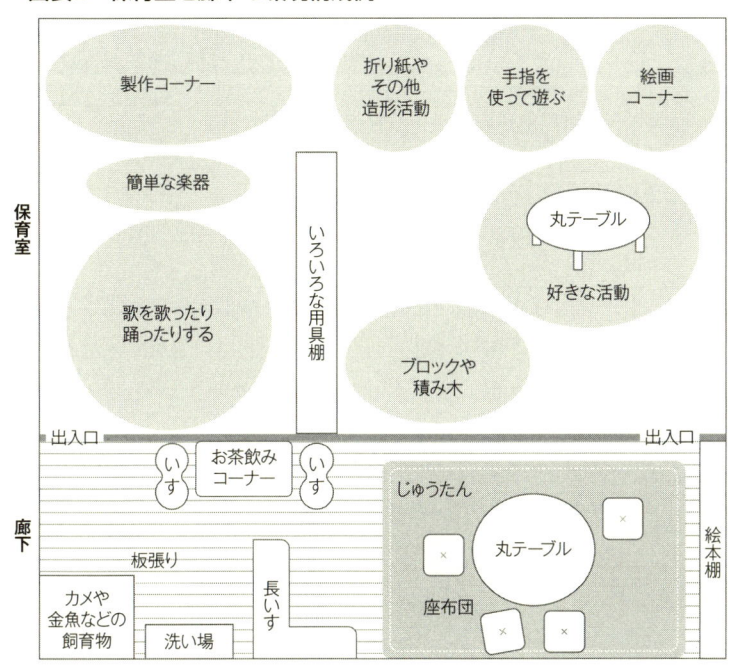

```
                 保育室
┌─────────────────────────────────────────────────┐
│   製作コーナー      折り紙や     手指を    絵画    │
│                    その他     使って遊ぶ コーナー  │
│                   造形活動                        │
│                                                  │
│   簡単な楽器         い                          │
│                     ろ                 丸テーブル  │
│                     い                           │
│                     ろ               好きな活動   │
│   歌を歌ったり       な                          │
│   踊ったりする       用                          │
│                     具       ブロックや          │
│                     棚       積み木              │
│                                                  │
├─出入口───────────────────────────────出入口──────┤
│        い  お茶飲み  い    ┌─じゅうたん────┐    │
│        す  コーナー  す    │   ×       × │    │
│  板張り                    │    丸テーブル  │ 絵本棚│
│          長              │              │    │
│  カメや  洗い場  い        │  座布団        │    │
│  金魚などの      す        │   ×       × │    │
│  飼育物                    └──────────────┘    │
│                 廊下                             │
└─────────────────────────────────────────────────┘
```

（筆者作成）

履き替えを不要にすると、スムーズにトイレ活動をこなしやすくなる。そのような設備が整いにくい場合は、明るく清潔な雰囲気が保たれるように心がけ、子どもがトイレ空間を嫌がったり怖がったりしないように配慮する。また、できればトイレの便器は3歳児以下は幼児用、4・5歳児は大人用を設置し、家庭や学校生活にも反映できるようにする。

第2節　オープンスペースでの環境の計画

1. 環境づくり

　子どもの自己発展は、構成された環境の中で初めて可能であると考えられているように、子どもの生活のいろいろな場面で、自立を助けるための環境があらかじめ必要である。一人ひとりの子どもが興味を持って主体的に園生活を楽しむためにも、自ら考え、選び、実行することができるように、保育者は子どもが安心して活動できる環境をつくることが大切である。

　また、環境を構成するとき気にかけてほしいことは、子どもは何人かの友達といっしょに遊んだり過ごしたりすることが好きだが、半面、ときには一人になって、じっくり手を使って何かに取り組むことも好きなことを忘れないでほしい。自分の選んだ活動に、繰り返し気の済むまで関わったときは、その活動に責任を持つと同時に、自らが作ったものを大切にし、そっとカバンにしまい、何度も取り出しては眺め、満足げな様子をするのが見られるからである。

　このように、目の前にいる一人ひとりの子どもを丁寧に見て、環境構成を考えていくことは、一人ひとりを大切にすることにつながり、内面の充実が図られると思われる。

2. 保育室のコーナーづくり

　子どもの内的な欲求に十分に対応できるために、子どもを取り巻く環境がいかに大切であるかを考慮し、子どもの心を引き入れることのできる環境構成が重要である。例えば、子どもが「絵を描きたいな」と思ったとき、保育者が活動に必要な用具を管理していて、画用紙がすぐに取

図表3　コーナー保育の日案の例

ねらい	自分の好きな場所や活動を見つけ、友達と触れ合いながら遊びを十分に楽しむ。	
時間	予想される幼児の活動と環境	保育者の援助
8：30	○登園する ・挨拶をする ・所持品の始末をする ○好きな遊びをする	・挨拶を交わしながら、健康状態を把握する。 ・所持品の片づけを見守りながら、一人ひとりに即した対応を心がける。 ・遊び始めやすいように場の設定をし、一人ひとりの幼児がどの場所で遊んでいるのかを把握するためにも、保育者間での連携を怠らないようにする。

【室内のコーナー配置】

- 【製作コーナー】（個人活動）：好きな物を自由に描いたり折ったり作ったりしている。
- 【絵画コーナー】
- 【折り紙コーナー】
- 【絵本や紙芝居のコーナー】：自分で選んだ本を見たり、友達といっしょに紙芝居をめくったりしている。
- 【ままごとやごっこ遊びコーナー】：自分なりに工夫して必要な物を作ったり、役になって言葉のやり取りを楽しんでいる。
- 【製作コーナー】（協同活動）
- 【手指を使って遊ぶコーナー】：毛糸やひも・糸などを使って編んだり結んだり通したりしている。
- 出席帳にシールを貼るコーナー
- 【積み木コーナー】：空き箱、牛乳パックを使って車や遊びに必要な物を作っている。
- 【ブロック、パズルコーナー】：積み木で基地を作り、ブロックで武器づくりをしている。
- ソファ／机／いす／出入口

【園庭】
・砂場でトンネルを掘ったり、プリン型のカップケーキを作ったりしている。
・鬼ごっこやかけっこ、固定遊具遊びに興じている。

		・幼児自らが、好きな遊び（活動）を見つけやすいようなコーナー配置をする。 ・園庭の遊び（活動）も室内と同様に選択コーナーの一つとして捉えられるように配慮する。 ・幼児のイメージが膨らむように、いろいろな材料や素材を用意しておく。 ・友達の遊びや制作している物にも目を向け、関わって遊べるように、友達の工夫しているところや、がんばっているところを伝え、良い刺激になるための仲介者になる。 ・個人の活動にも言葉を掛けたり、共感したりしながら自信が持てるようにする。 ・気の合う友達といっしょに遊びを進める楽しさを味わえるように、保育者もアイディアを出すなどして援助する。
11：30	○片づけをする。 ○昼食を食べる。 ○午睡の準備をする。 ○順次、起床する。 ○おやつを食べる。	・使った物をみんなで丁寧に片づけができるように働きかける。 ・楽しい雰囲気で食事ができるようにする。 ・食事のマナーや偏食などは、個別に無理のないように指導していく。 ・排泄を済ませ着替えを行うようにするが、体調などを把握しながら個々に対応する。
17：00	○降園準備をする。 ○降園する。 （延長保育）	・楽しい雰囲気で降園準備をし、明日の活動につなげ、期待する気持ちが持てるようにする。 ・まだ迎えに来ていない幼児が不安にならないように配慮する。

(筆者作成)

り出せなかったり、クレヨンや絵の具の準備ができていなかったりすると意欲は半減する。子どもの活動に必要な用具はできるだけ子どもの目の高さを考え、見やすく取り出しやすいところに配置することが必要である。また、それらの環境を子どもに「やりたいな」「触ってみたいな」と思わせるために、誘いかけるような心配りでセッティングをすると、子どもの意欲を高める動機になる。

　さらに、保育室を一つの活動に固定するのではなくオープンにし、製作コーナー、絵画コーナー、折り紙コーナー、絵本や紙芝居のコーナー、手指を使って遊ぶコーナー、ブロックパズルコーナー、積み木コーナーなど多種多様なコーナーづくりを進めていくことも大切だと思われる。そのうえで、保育室のコーナーは環境を固定せずに、子どもの状況に合わせて、柔軟に変換していくことが望ましい。保育者が日々の遊びを見つめ、一人ひとりの子どもに今何が必要なことかを探り、安定して生活し成長していくために、子どもの実態に即した計画が必要になる。

　図表3は、4歳児のコーナー保育の日案を考えたものである。子ども自ら目的を持って関わり、遊びを見つけられるように、保育を組み立てていくことが重要である。

3. 多様なオープンスペースの実際

(1) 上部が空いている保育室

　保育室を年齢別、園生活においての活動別に間仕切りで区切る。間仕切りの高さは全ての活動が保育者から見渡せる高さにする（**図表4**）。

(2) 可変性のある保育室

　保育室の上部に可動式のパーテーションをつけ、大小さまざまな空間を作る。活動内容によって、可動式パーテーションを移動して保育室の変化を図り、広く使えるように開放する。

図表4　オープンな保育室の例

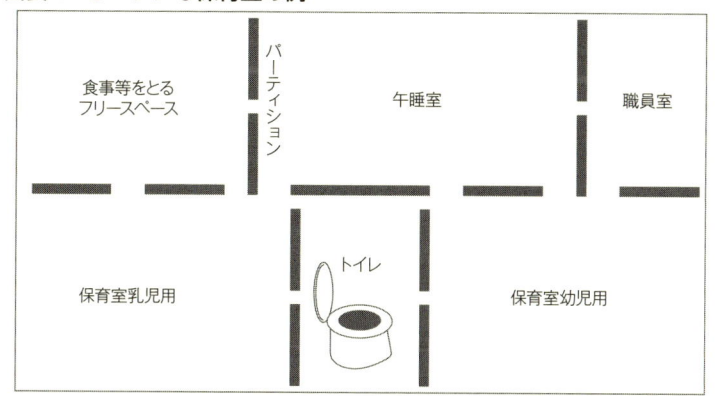

```
食事等をとる        パ        午睡室              職員室
フリースペース      ー
                    テ
                    ィ
                    シ
                    ョ
                    ン

                        トイレ

保育室乳児用                        保育室幼児用
```

(注) 各スペースの仕切りが低く全てのコーナーが見渡せる。

（筆者作成）

図表5　変化に富んだ保育室

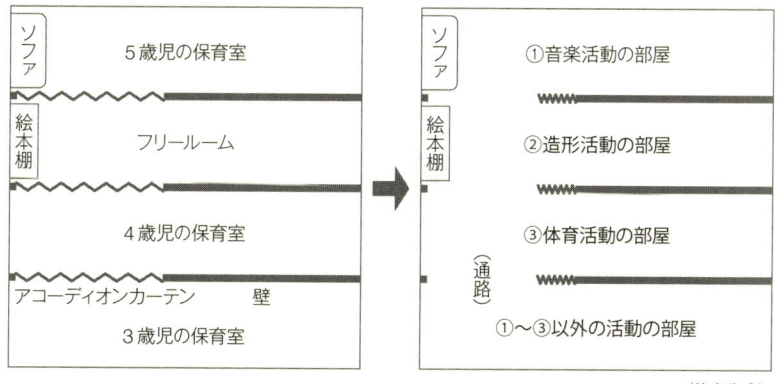

```
ソ  5歳児の保育室                ソ  ①音楽活動の部屋
フ                              フ
ァ                              ァ
絵  フリールーム                 絵  ②造形活動の部屋
本                              本
棚                              棚
    4歳児の保育室                    ③体育活動の部屋
                                (通路)
アコーディオンカーテン　壁           ①〜③以外の活動の部屋
    3歳児の保育室
```

（筆者作成）

(3) 変化に富んだ保育室

　図表5のように年齢別に分かれている保育室の一部分を開けて、オープンにする。保育室ごとに活動内容を変化させ、子どもが自ら好きな活動を選ぶ。

　通路として開放した部分は、絵本やソファ等を置き、自由に絵本を読んだり見たり、年齢やクラスに関係なく多種多様な人と交流したりすることができるように配慮する。

図表6　地域の未就学児の親子に開放した保育室の例

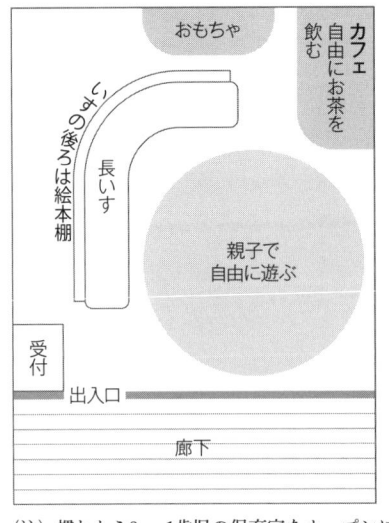

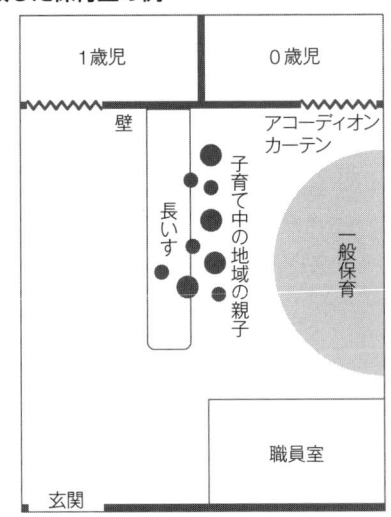

(注) 慣れたら0〜1歳児の保育室をオープンにし、いっしょに遊ぶ。

(筆者作成)

(4) 地域との交流ができる保育室

　図表6のように、オープンスペースとして地域の未就園児の親子に保育室を開放し、在園児との交流を図る。来園した親子が環境になじみやすいように、明るく広々とした空間を用意し、家庭とあまり差異のない環境設定ができるように配慮する。

第3節　子どもの実態に即した計画の推進

　指導計画はあくまで「計画」であってそれが実際の保育の中でどのように展開されるのか、もし子どもにそぐわなかったら、どのように修正していくのかを省察することが重要である。
　もちろん園によって環境や保育方法に違いがあることは当然である。

しかしここで何よりも大切なことは、幼児が充実した園生活を送ることができるように、今ある環境を計画性を持って構成するということである。例えば、子どもが飼育物に興味を持っても、それに出会える環境がなければ子どもの園生活は充実しない。もし環境が整っていたとしても、じっくり心行くまで触れ合う時間が保障されていなければ満足できない。このように子どもの遊びや活動は、その時の子どもの関心や発達に即したものでなければならない。

　子ども一人ひとりの多種多様な活動は、その園の環境に大きく左右されるが、自園の環境を受け入れながら、子ども一人ひとりが心豊かに、充実した園生活を送れるように環境を整え変化させていくことが求められる。

　保育は全て子どもの実態から出発することを踏まえ、目の前の子どもの興味や関心に沿って計画を実践することが必要である。

　子どもを取り巻く環境は不変不動のものではないことを考えるとき、オープンスペースでの環境の計画は、その時々の子どもの状況、活動の流れ、要求に応じて変化させやすく、満足感や充実感を味わわせやすいと思われる。

【引用・参考文献】

大場幸夫・柴崎正行『保育内容　環境』(保育講座) ミネルヴァ書房、1990年

厚生労働省『保育所保育指針解説書』フレーベル館、2008年

柴崎正行『環境づくりと援助の方法――保育実践から学ぶ』ひかりのくに、1997年

柴崎正行・戸田雅美・増田まゆみ編『教育課程・保育計画総論』(新・保育講座) ミネルヴァ書房、2012年

文部科学省『幼稚園教育要領解説』フレーベル館、2008年

第14章

児童福祉施設における計画の実際

和田上貴昭

第1節　児童福祉施設とは

1. 児童福祉施設の種類と役割

　児童福祉施設は、児童福祉法に定められている子育てを支援、補完、代替等するための施設である。例えば、保育所や児童館などの通所型、利用型の施設や乳児院や児童養護施設などの入所型の施設がある。本章においては、保育所以外の児童福祉施設における計画について説明する。

　入所型の児童福祉施設にはいくつかの種別がある。子どもの持つ課題別に整理すると、①親に代わって養育を提供するための施設（養護系施設）、②子どもが持つ情緒面、行動面の課題を治療するための施設（治療系施設）、③子どもが持つ障害の治療、療育等を行う施設（障害児施設）に分けられる。

(1) 養護系施設

　養護系施設には、乳児院、児童養護施設が含まれる。これらの施設とは少し目的が異なるが、母子生活支援施設もこの中に含める。

　乳児院、児童養護施設は、家庭の事情により家庭での養育が困難な場合や、保護者の不在により家庭で育てられない状況にある子どもが入所する施設である。年齢別に施設種別が分けられており、原則として乳児（0歳児）は乳児院で、1～18歳までの子どもは児童養護施設で生活する。ただし状況により、乳児院は幼児（就学前）まで施設で暮らすことができる。また児童養護施設は0～20歳未満まで暮らすことができる。現在、両施設ともに9割以上の子どもたちに親が存在している。つまり、親（または家庭）がなんらかの課題を抱えているために養育ができない状況である。児童虐待はその一例である。また、経済的な問題や親の病気な

どが理由となる場合もある。

　母子生活支援施設は、母子世帯が入所し利用する施設である。現在、直接的な利用理由の半数は、DV（ドメスティックバイオレンス）によるものとなっている。暴力をふるう夫（父）から逃げるために緊急一時保護場所として利用したり、生活の再建のために夫（父）と離れて暮らしたりする場となっている。DV以外にも、経済的な理由や母親の病気などの理由で利用される場合もある。

（2）治療系施設

　治療系施設には、児童自立支援施設と情緒障害児治療施設が含まれる。両施設は共に、入所部門と通所部門を持つ。

　児童自立支援施設は、主に行動上の課題（非行など）のある子どもたちが利用する施設である。行動上の課題の背景には、虐待被害などの家庭における不適切な養育や発達障害への無理解からくる対応などがある。例えば、家で暴力をふるわれる状況に置かれた子どもは家に帰りたがらず、夜間徘徊、つまり非行行為を繰り返すようになることがある。また、親の行動をまねて対人関係において暴力を介した行動を取ることもある。発達障害は、外部からの刺激への過度な反応や、相手の気持ちを察することができないなどの障害特性がある。そのため落ち着きのない子ども、空気が読めない子ども、大人の感情を逆なでするような子どもとして捉えられてしまう。脳の機能障害から来ているため、本人の努力でこうした行動を落ち着かせるのは困難であるが、叱られたりトラブルを起こしたりすることが多くなり、「問題児」として認識されてしまう。

　情緒障害児短期治療施設は、主に情緒面の課題のある子どもたちが利用する施設である。児童自立支援施設同様に、課題の背景には虐待被害などの家庭における不適切な養育などがあるとされている。虐待の影響は行動面のみならず、情緒面にも大きな影響を与える。特に子ども期は心身共に著しく発達し、人格形成に大きな影響を与える時期であるから、

この時期の傷つきは大きな後遺症を負うことにつながる。したがって、入所している子どもたちの多くが情緒面での不安定性を持ち、他者とのコミュニケーションにおける課題を持っている。

(3) 障害児施設

2012年4月から施行された改正児童福祉法により、障害児の児童福祉施設は、通所型、入所型ともに再編された。それまで障害児を利用対象とした施設は、障害ごとに施設種別が分けられ、「知的障害児施設」のように施設名称でその施設の利用児童の状況が想像できた。しかし、この改正によって、どのような障害でも受け入れる地域の障害児支援の拠点となった。入所施設は、福祉型障害児入所施設と医療型障害児入所施設に、通所施設は福祉型児童発達支援センターと医療型児童発達支援センターに分類されている。それぞれの障害への支援の専門性を高くするのではなく、身近な場所に相談支援、療育、治療が行える場を作ろうという構想である。保護、日常生活の指導および知識技能の付与を目的としているが、医療行為を行うかどうかで福祉型と医療型に分類されている。身体、知的、精神に障害のある子ども(発達障害児を含む)を対象としているが、医療型はその機能から、重度の知的障害と重度の肢体不自由が重複している子ども(重症心身障害児)をも対象としている。

2. 児童福祉施設における支援の目的

入所型の児童福祉施設を利用する子どもたちの状況は施設ごとに異なり、同じ施設を利用する子どもたち個々の状況も異なる。ただ、共通しているのは、①親と離れて暮らしている、②それぞれに課題を持っているという点である。

入所施設の場合、子どもは親と離れ、施設で暮らすこととなる。親と離れて暮らすことは、子どもにとって大きな心理的負担となる。子どもにとって親はかけがえのない存在であり、非常に影響力のある存在であ

る。子どもは親との出会いを通して自分自身を認識し、またその関わりを通して情緒的な発達が得られる。また、親の価値観や行動様式に、子どもは影響される。親との関わりを通して体験したものは、生涯その子どもに影響を与え続ける。虐待被害に遭った子どもでさえ、虐待の加害者である親の元で暮らしたいとの意向を示すことがある。さらに、親と共に暮らすのは子どもの権利でもある。児童の権利に関する条約においては、親からの分離の禁止が記されている。入所施設においては、親子が離れて暮らしていることの重大性を認識して支援する必要がある。

　通所施設においても、親子関係の重視は重要な事柄である。施設でのプログラムに参加している時間は、子どもたちの生活のほんの一部分にすぎない。それ以外の時間、子どもたちの多くが親と共に過ごす。したがって、子どもたちが施設以外の時間をどのように過ごすかが、子どもたちの抱える課題への取り組みにおいて重要である。通所施設で提供するプログラムは、その後の親子関係をも見据えた形で提供される必要がある。

　子どもたちの支援に当たっては、子どもおよび家庭のニーズに適切に対応する必要がある。家庭において不適切な養育を受けた子どもに対しては、治療的なケアやしつけ、対人関係構築の方法などのプログラムが提供される必要がある。障害のある子どもに対しては、療育や医療ケアなどの提供が必要となる。もちろん、家庭で暮らす子どもたちに提供すべき養育内容全てを提供することは、これらの課題別支援の基盤となるものとなる。

第2節　児童福祉施設における計画とは

1．計画の目的

　子どもたちの支援においては職員個々の経験や勘に頼るのではなく、職員集団に周知された計画の実施が必要となる。
　例えば、入所型の児童福祉施設の主な機能に養育機能があるが、これは家庭における養育機能とは提供の仕方において異なる。家庭での養育は、妊娠期間から子どもと親との関わりが始まり、誕生、養育と継続してその関わりが安定的に継続していく。つまり0からのスタートである。しかし施設（入所施設）では、子どもたちのそれまでの生活や人間関係の断絶等を経て利用に至る。子どもによっては、家庭での生活でダメージを負っている場合もあるため、マイナスからのスタートとなることが多い。
　また、児童福祉施設は集団の子どもに対して複数の職員が対応するため、情報や目標の共有化を行う必要がある。子ども個々に持っている課題は異なるため、その課題に対して、施設としてどのように取り組むかを職員集団が共有することは重要である。

2．計画の方法

　ソーシャルワーク（社会福祉実践における援助技術）において計画立案をしていくためには、情報収集、アセスメントという段階を経る。情報は、子どもの家庭状況や生育歴、心身の状況、現在の子どもの生活状況などが必要となる。必要に応じて、児童相談所などの関係機関と協働しながら情報収集を行う必要がある。アセスメントでは、子どもたちの課題を明確にすることが求められる。アセスメントを「見立て」と邦訳す

る人もいるが、まさに子どもの課題がどのような背景を持っているのか、どのような支援が必要かを「見立て」るのだ。そのうえで計画立案を行う。計画は、施設ごとのフォーマットに必要な情報や目標、具体的な取り組みを書き込む形で行われる。

『新版乳児院養育指針』においては、計画作成の基本的姿勢として、①養育目標の明確化、②発育・発達段階を考慮した年齢ごとの目標の設定、③家庭と施設の連携、④子ども・子ども関係、子ども大人関係、⑤行事、定期検診、予防接種、の5つが挙げられている。障害児施設や治療系施設に関しては、これに⑥治療、を入れる必要があるだろう。これら6つの項目は、施設種別が異なっても考慮されるべき重要な項目であると考えられる。

第3節 計画の種類

1. 生活の組み立て

児童福祉施設では、子ども集団を対象とした支援計画が立てられている。それらは、意図的な生活体験の提供により具体化される。対象が乳児であれば、愛着形成等、発達課題等に配慮した生活体験の提供が行われることとなる。学齢期以降の場合は、それぞれの年齢に配慮した生活体験の提供が行われる。さらに、乳児院や児童養護施設の場合には、施設を利用している子どもたちの多くが被虐待体験を持っていることから、これらに加えて治療および日常的な治療的な関わりが必要となる。

こうした意図的な生活体験の提供は、年間援助計画、月間援助計画、デイリープログラムに反映される。児童養護施設での一日の流れの中で、「掃除」などのプログラムが入っていることがある。これは単に身の回

図表1　ある児童養護施設の1年

4月	イースター 始業式、入学式	8月	中高生キャンプ 野球大会	12月	冬休み クリスマス会
5月	バザー 小学校運動会	9月	始業式	1月	お正月、スキー、始業式
6月		10月	中学校運動会 高校体育祭	2月	マラソン大会
7月	夏休み、幼児旅行、小学生キャンプ	11月	文化祭	3月	サッカー大会 卒業式、春休み

（筆者作成）

りの清潔を保つ目的以外に、年齢相応の生活体験として、また、協調性や仲間意識を育む体験として提供している場合がある。週1回のフラダンス教室や陶芸教室などのプログラムについても、単なるレクリエーションとして提供されているのではなく、グループワークとして位置づけられている場合も少なくない。

　図表1は「ある児童養護施設の1年」である。年間の予定の中に、施設独自の行事がいくつか配置されている。例えば、夏休みにある中・高生キャンプの取り組み方であるが、職員が企画して子どもたちを連れて行くだけであれば、単なるレクリエーションとなる。しかし、2～3カ月前から子どもたちの参画による計画の立案や役割の分担等が行われていれば、一つのグループワークとして捉えることができる。これはキャンプだけでなく、野球などのスポーツ、クリスマスなどの行事など、何をするかではなく、どのように取り組むかで意図的な生活体験の提供となる。

2. 個別支援計画作成の意義

　児童福祉施設の役割の一つとして、子どもたちの自立支援が挙げられる。これは1997年以降、児童福祉法上の各施設の規定に加わったもので、「児童自立支援計画」の策定等を基に実施されている。ただし、自立に対する認識は人によって異なる。経済的に自立することをイメージする人が多いかもしれないが、果たしてそれだけが自立であろうか。それで

は重度の障害がある子どもたちにとっての自立は不可能ということもあり得る。児童福祉施設では、下記のように幅広い視野から自立を捉える必要がある。

「児童の自立を支援していくとは、一人ひとりの児童が個性豊かでたくましく、思いやりのある人間として成長し、健全な社会人として自立した社会生活を営んでいけるよう、自主性や自発性、自ら判断し、決定する力を育て、児童の特性と能力に応じて基本的生活習慣や社会生活技術（ソーシャルスキル）、就労習慣と社会規範を身につけ、総合的な生活力が習得できるよう支援していくことである。もちろん、自立は社会生活を主体的に学んでいくことであって孤立ではないから、必要な場合に他者や社会に助言、援助を求めることを排除するものではない。むしろそうした適切な依存は社会的自立の前提となるものである。そのためにも、発達期における十分な依存体験によって人間への基本的信頼感を育むことが、児童の自立を支援する上で基本的に重要であることを忘れてはならない」［厚生省児童家庭局家庭福祉課、1998］。

このように自立を支援することは、子どもたちの生活および発達を支えることであり、養育の目的そのものとも言える。施設のような複数かつ多職種によるチームでの支援を行う場においては、職員それぞれが自らの役割を認識して支援に当たることが求められる。そこで立案されるのが支援計画である。

3. 個別支援計画作成の実際

図表2・3は児童養護施設で使用されている自立支援計画およびその評価の様式である。それぞれの項目についてどのような内容を記入するかは、下記のとおりである。

①「自立支援方針」等

措置変更や家庭復帰、就労等による社会的自立など、入所児童の自立支援の最終的な到達目標を設定する。この方針を具体化するために、長

図表2 児童養護施設の児童自立支援計画書の様式と記入例

記入者氏名	西山 あづさ		記入日	2012 年 3 月 25 日
（フリガナ）児童氏名	ワダ エイタ 和田 瑛太 （男）・女		児童相談所名	A 児童相談所
			担当児童福祉司名	
生年月日	2004 年 12 月 6 日（7 歳）			
学年等	学校名（区立ふみはな小学校）及び学年（ 1 年 ）			
入所年月日および措置理由	2011 年 2 月 3 日（措置番号　03A55） （主訴）父子家庭。工務店の倒産により失業。再就職先が見つからず、飲酒することが多くなった。保育所から「お迎えの際に酒臭い」「本児が家で食事をしていない」との連絡が児童相談所に入り、父の生活を立て直す間、施設入所となる。			
基礎データ	身長・体重	110.5cm　　21.0kg		
	IQ	102（WISC-Ⅲ 2003 年 1 月 29 日 A 児相判定）		
	愛の手帳	有 ・ （無）（　　　　　　　　　）		
	身障手帳	有 ・ （無）（　　　　　　　　　）		
	既往歴			
自立支援方針	家庭の状況が整いしだい、家庭に戻せるように父子関係の再構築を支援する。また、本児の自己肯定感を高める支援を行うとともに、学習支援や生活習慣の修得に取り組む。			

児童等の意向	【児童の意向】 お父さんと暮らしたい。 【保護者の意向】 （父）再就職をし、仕事が安定したら本児と暮らしたい。
児童が抱える課題・問題点	【家族関係】 （父）子煩悩で週末の本児との外出を欠かさず行っている。お酒はこの 1 年、飲んでいないとのこと。現在は生活保護を受給し就職活動をしている。 （母）父と離婚後、行方不明。 【生活上の問題】 ・夜尿あり。歯磨きや入浴などの生活習慣が身についていない。 ・入所前の学力面での遅れをある程度挽回したが、引き続き支援が必要。 ・自己肯定感が低く、「どうせだめだから」が口癖になっている。小学校では目立たない存在。指示には従うが、自主的に動くことが少ない。 【医療的な問題】 ・特に問題ない

	設定期間	設定目標	目標設定理由
短期目標	2012年4月～2013年3月末	①父との交流の継続 ②学習支援 ③生活習慣の修得	⇒父親の生活の立て直しの状況にもよるが、早めの家庭引き取りが見込まれるため、関係性の再構築をする必要がある。 ⇒学習面での遅れが見られるため、引き続き個別的な支援が必要である。 ⇒ネグレクト状況に置かれていたため、年齢相応の基本的な生活習慣が身についていない。
中期目標	2012年4月～2015年3月	①父子関係の再構築	⇒家庭引き取り後の生活状況を考え、本児の父親に対する思いを整理していくことが必要。
長期目標	2012年4月～2017年3月	①家庭引き取り後の支援	⇒家庭引き取り後に、父親の就労状況等によっては生活が不安定になることが予想される。施設との関係を維持するとともに、居住地近隣の社会資源の開発を進め、地域で家庭を支えるしくみを構築する必要がある。
目標達成に向けた今年度の取り組み計画	\<生活\> ・規則正しい生活リズムの獲得や、偏食の改善を行う。 ・学習ボランティアとともに学習支援に当たる。 \<健康\> ・夜尿について専門医の診察を受け、機能的な問題かどうかの確認を行う。 \<学校・進路\> ・学習状況や友人関係などについて、担任教諭と週に1回は情報交換を行う。 \<家族関係\> ・週1回の父親との交流時に、適切なペアレンティングを行うためにはどのようにすればよいか、さまざまな方法で伝えていく。 \<施設内連携\> ・父親とは家庭支援専門相談員が窓口になり、対応していく。 ・週1回のプレイセラピーを担当している心理療法担当職員と、担当保育士、家庭支援相談員が月1回、情報交換する場を持つ。 \<機関連携\> ・児童相談所と連携し、父親の生活状況の把握を行う。 \<その他\> ・週1回のプレイセラピーに加えて、児童相談所の児童心理士による心理判定を年に1回行い、ネグレクトのダメージの状況について確認する。		

図表3　児童養護施設の児童自立支援計画書の評価の様式と記入例

年度末の評価取り組みの状況	<生活> ・同室に1歳下の男児が入ったことが刺激となり、お兄さん役を楽しんで行っていた。自分が見本にならなければという意識が芽生え、自ら生活習慣を身につけようと取り組むようになった。 ・学習ボランティアによる学習の場面では、ふざけて勉強に取り組まないこともあったが、日々の積み重ねにより学力面での遅れは解消された。 <健康> ・6月から夜尿をすることがなくなったため、専門医の診察は中止とした。その後も夜尿はない。情緒的に安定してきたことが影響しているかもしれない。 <学校・進路> ・学校側の理解もあり、学力面での遅れや友人関係に適切に対応することができた。 <家族関係> ・定期的な父子交流が行えた。夏休みには初めて父宅に3泊し、これが本児の情緒的安定にもつながるとともに、父にとっても自信につながったようである。 ・ペアレンティング支援について、父は当初抵抗を示していたが、夏休み以降は引き取りを意識して積極的に取り組んでいる。 ・父は工事現場で日雇い就労をしていたが、3月より工務店に就職が決まり働き出した。 <施設内連携> ・月1回の情報交換会では、家庭状況と本児の生活状況、心理状況について情報共有を行った。 <機関連携> ・父親の状況把握について、児童相談所と連携して行った。 ・行方不明だった母親はすでに他の男性と事実上の婚姻関係にあり、1歳になる子どもがいることが児童相談所の調べで分かった。また、母親に本児を養育する意思がないことが確認された。
目標の達成状況	① 父との交流の継続 　順調に交流できたと考えられる。本児も自身の父への感情が整理されてきたようで、父に対して自分の要求を伝えられるようになってきている。 ② 学習支援 　学力面での遅れはほとんど見られない。このことが本児の自信になっている様子である。 ③ 生活習慣の修得 　自ら取り組めるようになり、当初の目的は達成できたと考えられる。
来年度に向けた課題	①家庭引き取りの支援 　父親の就業状況および生活状況を確認して夏休みをめどに家庭引き取りができるよう、取り組んでいく必要がある。 ②本児の情緒面の支援 　これまでの施設での生活から離れることによる不安定さが表出されると想像される。不安を受け止めるとともに、継続して支援をすることを伝えていく必要がある。 ③アフターケアに向けた準備 　父子での生活が安定的に行われるため、地域における社会資源との調整を行う必要がある。

出典（図表2・3）：[東京都社会福祉協議会児童部会リービングケア委員会、2008]を基に作成

期目標などの目標や取り組み計画が立案される。長期目標は5年程度、中期目標は3年程度、短期目標は1年程度の期間をいう。

②「児童等の意向」

子どもや知的障害者など判断能力が低いとされてしまう人への支援においては、当事者の意向を聞かないまま、専門職が良かれと思って進めてしまいがちである。しかし支援は、サービスを利用する子どもや家族と協力して課題へ取り組むものである。子どもの権利条約にも子どもの意見表明権が保証されている。利用者主体という考え方の下、協力して支援計画を策定する必要がある。

③「年度末の評価」等

計画は定期的に見直す必要がある。子どもを取り巻く状況は変化するし、計画に基づいた取り組みが効果を上げているかモニタリングするためである。この項目では、1年間の職員の取り組みに対する評価が行われる。この評価は、次の計画立案の重要な情報となる。

4. 施設種別による違い

計画は、利用児童の課題ごとに異なることから、施設種別ごとに異なる。養護系施設においては、子どもの発達状況と退所の見通しを踏まえた計画の立案が必要となる。治療系施設においては、治療計画とともに生活における支援計画の立案が行われる。そのため、生活を担当する保育士などの職員は、治療を担当する医師や心理療法担当職員などとの協働が必要となる。障害児施設では、障害の状況に合わせた療育・治療計画の立案が必要となる。当然、医師等治療を担当する職員との協働が必要である。また、理学療法士や作業療法士などのリハビリを担当する職員との協働も必要となる。

【引用・参考文献】

社会福祉法人恩寵財団母子愛育会 日本子ども家庭総合研究所編『子どもの虐待対応の手引き〔平成17年3月25日改訂版〕』有斐閣、2005年

厚生省児童家庭局家庭福祉課監修『児童自立支援ハンドブック』財団法人日本児童福祉協会、1998年

全国乳児保育協議会広報・研修委員会編『新版乳児院養育指針』全国社会福祉協議会・全国乳児福祉協議会、2009年

東京都社会福祉協議会児童部会リービングケア委員会編『Leaving Care 児童養護施設職員のための自立支援ハンドブック〔改訂4版〕』東京都社会福祉協議会児童部会、2008年

第15章

保育の計画と評価

西本 望

第1節　評価の目的と対象

　保育・教育評価とは、全体計画である広義の保育・教育課程の一連の流れの中で、保育・教育内容を実践したことを省察し、子どもの成長・発達のために、保育者による保育・教育内容や指導計画、その指導方法を、より良く改善するための方策である。つまり、これを実施することが後々の子どもの望ましい育ち（成長・発達や学習）のために有効な手順となる。

1．評価の目的

　保育者が自らの保育・教育活動を評価する。これによって自らの保育・教育目的の設定の仕方、保育・教育方法、保育・教育技術などを見直し、最善の保育・教育が行われるようにしていく。

　本来の考え方としては、子どもが自ら行った活動を評価し、以後の活動を調整するために指導者が子どもの評価の仕方を援助・指導するというものである。しかしながら、幼児期の子どもには客観的な見方が困難であったり、言語的表現力が乏しかったりするために、自己評価がしにくい。したがって、保育者が子どもの言動から判断することになる。それによって保育者は、子どもにとって適切な保育・教育活動が行われているかについて自らの保育・教育課程を省察することになる。

　また、幼稚園・保育所・認定こども園等の管理者は、保育者の指導性が適切に発揮できるように評価をすることもある。つまり、幼児の能力や学力が十分に引き出せるようにするために行うもので、例えば、クラス編成や入園試験などに用いる。

　そのほか、保育者、保育・教育研究者などが、保育教材や保育・教育課程、保育・教育方法、学級経営、幼稚園・保育所・こども園等の経営

などについて行う評価もある。より良い保育・教育活動が行えるように、保育・教育環境が整えられるようにしていくための評価である。

2. 保育・教育評価の対象

従来は、保育者による子どもを対象とした評価を指したが、近年では、保育者や幼稚園・保育所・こども園をも評価対象とする動向が顕著に見られる。評価される対象者について列挙すると、次のようになる。

①子ども

成長・発達の状況や遊び（学習）の状況および種々の生活理解の程度を把握するために行う。一般に保育者が調査者となる。

②保育者

保育・教育の方法・技術の改善とともに、保育・教育課程さらに保育計画を改善するために行う。調査者は、保育者自らや子ども、あるいは園長などの管理者や教育行政者・社会福祉行政者が行ったりする。ここで子どもが保育者を客観視して評価するために、言語的発達や認知的発達のことから、年齢段階として、評価内容を表現することが困難なところがあるので、保護者などが代わって評価することがある。

③園等管理者や教育行政者・社会福祉行政者

生活指導や保育・教育目的あるいは保育・教育課程を改善するために行う。調査者は、幼稚園に所属する保育者集団あるいは子どもの保護者や地域に居住する人々で、いわゆる第三者評価によるものもこれに当たる。卒園生や地域住民によって組織された評議員制度によるものもある。加えて、教育委員会や教育行政者、あるいは社会福祉行政者も評価される。

第2節　保育・教育活動の改善と評価

1．評価の観点

　保育・教育評価を行うに当たって、子どもの活動内容の流れにより評価の目的や内容が異なってくる。それには、①子どもの前提条件を知るため、②途中経過としての習熟度を見て、保育・教育活動の改善を行うため、③その過程全体の修了時に、子どもの育ち（成長・発達）の成果を得るため、の3つの観点で考えることができる。

(1) 診断的評価

　診断的評価は、子どもが保育・教育に関わる前提条件、つまり適性の確認や診断として行う。また保育・教育に特別な支援が必要な子どものスクリーニングとして用いる。これによって、それぞれの子どもに適した保育・教育目標や保育・教育内容、さらには保育・教育課程を設けて実施することが可能となる。評価の時期としては、各学期、各学年など、ひとまとまりの活動の初めに行うことが多い。さらには日々の保育・教育の始め、つまり登園時に子どもの様子を見ることもこれに含まれる。ときには保育・教育の進行中に行うこともある。評価の手段としては、心理診断検査、保育者による観察や面接によって保護者から子どもの家庭での状況を聞くことなどがある。さらに、在園前に通園していた幼稚園や保育所などがあれば、そこからの申し送りや保育要録から評価することもこれに該当する。

(2) 形成的評価

　形成的評価の目的は、子どもの成長・発達状況の程度を発見し、保育

者と子どもにフィードバックすることにある。この評価は、保育・教育指導・活動の進行中に行う。評価の手段としては、口頭試問、保育中の子どもの行動観察からの分析などがある。つまり、保育中の子どもの活動状況などから成長・発達状況を把握し、それまでの保育活動を省察し、その後の保育計画の修正・立案に還元していく。

(3) 総括的評価

　総括的評価の目的は、保育・教育課程および保育計画のモニタリングと改善にある。その派生的な目的としては、子どもの育ち（成長・発達の程度）を評定することと、記録、通知、証明にある。各学年あるいは各学期末に、それまでの生活指導や子どもの活動の進行中に行ったものをまとめて評価する。評価の手段としては、口頭試問や観察などを総合的に用いる。これによって次年度の全体計画の修正つまり保育・教育課程の年間指導計画等の改善を行う。

2. 評価の方法

　保育・教育評価の結果を表す解釈の方法には、相対評価、到達度評価を含めた絶対評価、個人内評価の3つの評価方法がある。現代の幼稚園教育や保育所保育などでは、到達度評価と個人内評価が併用されている傾向が見られる（**図表1**）。

(1) 絶対評価（到達度評価）

　絶対評価は、保育・教育目標達成の程度を判定する規準となる。つまり、保育者は自ら設定した保育・教育目標や、幼稚園教育要領や保育所保育指針およびカリキュラムから抽出してきたものを指導目標としている。それゆえに子どもの評定は、指導目標との対照から評価することになる。その表し方は、合否、素点およびこれを基にした段階評定があるが、幼稚園・保育所・こども園では、小学校教育以降のように点数化さ

れたものを評価として示すことはほとんどない。つまり、上記の指導目標からの観点別評価の項目を抽出したものを示して、その到達の程度を示すというものである。

　古くは、保育者が自らの保育・教育観から絶対評価を評価基準として設定したときがあった。この場合を、認定評価という。保育者の主観が入るので、保育・教育課程を振り返って見るのに客観性が担保できないため、現在では用いることはない。もしこの評価が行われるとすると、子どもや保護者から過剰な追従や不信が生じる可能性がある。しかし、保育者の責任で子どもの能力を伸ばそうとするときには有効である。

　現行の評価の観点では、保育・教育目標を分析し、規準として規定する手続きの過程で、保育者の主観が入る可能性を避けるために、保育者間の共通理解を得ながら幼稚園教育要領や保育所保育指針およびカリキュラムに示された保育内容のねらいやそれらの内容の各細目から保育・教育目標を綿密に分析し、具体的な到達目標を設定している。それと子どもの行動を照らし合わせることによって、子どもの習熟程度を評価する。子どもの到達度を知ることによって、保育・教育目標の設定、保育内容や保育方法・技術、保育・教育課程の編成の適切さや修正すべき点を見いだす。

図表1　評価の類型と基準

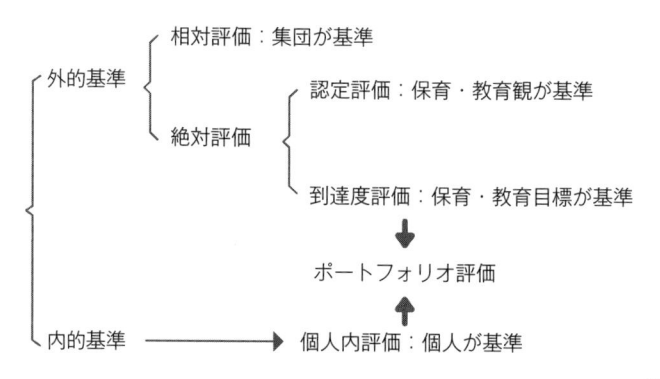

```
              ┌ 相対評価：集団が基準
       ┌外的基準┤        ┌ 認定評価：保育・教育観が基準
       │       └ 絶対評価┤
       │                └ 到達度評価：保育・教育目標が基準
       │                                    ↓
       │                            ポートフォリオ評価
       │                                    ↑
       └ 内的基準 ──────→ 個人内評価：個人が基準
```

（筆者作成）

(2) 個人内評価

　個人内評価とは、各子どもにそれぞれ一人ひとりの目標を設定して、それを達成したかどうかを判定するものである。子どものある行動の結果を判定するには、その子どもの他の行動との発達の度合いとの比較あるいは過去との時系列的な変化などを見る。子どもの長所・短所やプロフィールなど、個人のアセスメントや活動の進捗状況を見るために用いられる。他の子どもとの行動や保育・教育目標との比較をしないこと、すなわち子どもの外部に基準が設けられているのでなく、一人ひとりの子どもそれぞれに基準を設けて評価することが特徴となっている。したがって、自らのペースで進歩向上を図ることができる。いわゆる学力以外の保育・教育活動を対象にした評価方法として用いられる。特別支援教育での評価方法としても有用である。

(3) ポートフォリオ評価

　幼稚園・保育所・こども園では、一般的に到達度評価と個人内評価との折衷である評価方法が行われる。その評価技術には、絵画や彫塑など制作物や遊びの行動を見ていく方法が用いられる。これらをパフォーマンス評価（Performance assessment）という。その代表的なものが、ポートフォリオ評価（Portfolio assessment：紙挟み、書類かばん）である。この評価方法は、子どもの個人調書、絵画や彫塑など制作物とそれらに関する保育者の観察記録等をファイリング保存して、個人の成長・発達や遊びなどの活動から学習の進捗状況をたどることができる。それらの評価は、小学校以降の学校教育での評価の通知のように、教科ごとのペーパー試験等の点数を基にしたような段階評定やその数値を表現することは一般的にはしない。評価内容については、文章化したり、口頭による説明で示したりすることが多い。

　さらに、ファイリングできない大きな作品や活動過程などは、写真やVTR等の映像として記録して保存する。加えて、スクリプト・チェッ

クリストの評価表を作成することによって、子どもの行動の台本（script：脚本）を順序だてて記載し、そうして子どもの成長・発達を援助していく。これによってコミュニケーションや社会的スキルの発達支援・指導として、特別支援教育の方策として用いられることもある。

　以上のように、子どもの育ちを見ることによって、保育・教育課程の年間、月、週、日々の指導計画を修正・改善していく。

第3節　保育の質の向上と評価

1．評価の記録と通知

　子どもの諸活動の記録には、幼稚園では幼稚園幼児指導要録、保育所では保育所児童保育要録と呼ばれるものがある。

　ここでは幼稚園幼児指導要録を評価記録の代表例として取り上げる。それは、証明の機能と指導の機能の2点から成り立っている。つまり、学籍に関する記録と指導に関する記録である。前者には、氏名、性別、生年月日、現住所、保護者氏名、入園および卒園（修了）年月日など、子どもの在籍を証明する事項が記載されている。後者には、保育内容5領域に関する観点別項目に沿った発達（学習や行動）の状況、出欠の記録、指導上参考となる諸事項の各欄が設けられている。これは、担任保育者が指導を行うに当たって、前年度の学年や転入以前での他の園での状況を知るための参考資料となる。すなわち指導要録とは、子どもの成長・発達などの身体的状況、性格や行動などを継続的に記録し、指導のために活用する公的な文章である。

　指導要録の使用方法の経緯を見ると、かつては、幼小、小中、中高などの進学の節目に、保護者と本人には非公開で行われ、保育者間あるい

は学校間で申し送られることがあった。しかしながら現在では、ディスクロージャーによって、各園のカリキュラムの公開とともに保護者からの公開請求の希望に応える方向になりつつある。しかし一方で、個人情報保護の下、本人と保護者でさえその公開申請に当たっては、その事由とともに本人および保護者の了解の書類を用意して、本人および保護者の確認を行う手続きを行うようになっている。

通知は、指導要録の内容から選んだ項目や新たに加えた項目から成り、子どもの諸活動を保護者に報告したり、子どもの動機づけを図ったりするためなどに用いる。特に昨今アカウンタビリティが要請される社会にあって、保育・教育課程の効果としての子どもの育ちについて、保護者への説明責任を果たす証明として重要な事柄となっている。

幼稚園・保育所・こども園では、小学校以降のような教科等の知識的学力面の段階的な評価の通知とは異なり、身体・健康状況など、生活習慣や種々の知的・身体的能力など成長・発達の様子を文章で記載されたものを渡している。これらの記録を、一般的には、通知表（通信簿）として捉えることはあまりなく、評価されている意識が子ども本人や保護者にもないことが多い。中には保育者ですら評価していないと思い込んでいる者もいるくらいである。

評価している意識のない評価には、日常の保護者と保育者とのやり取りの中にも認められる。保育者によって、その日に実施した保育の内容とともに、子どもの日々の活動を口頭で詳細に説明する傾向も評価となる。このような行為も、より多くなる傾向にある。

その通知に当たっては、保育所保育指針に具体的方策まで示されるようになった。そこでは、あらゆる機会、あらゆる場所を利用することになる。例えば、登・降園時などの保護者と会ったとき、運動会や参観日などさまざまな園行事のときなどがその機会になる。

2. 保育・教育活動の過程と自己評価の流れ

　保育の記録には、子どもの活動状況からそれぞれの子どもの理解度を見ることで評価を行っている。これによって保育者は、自己の指導内容等についての省察・自己点検を行うことができる。さらに、子どもの保育や保護者への説明要請にもフィードバックするよう配慮している（図

図表2　保育・教育課程と保育実践・評価の循環

```
子どもの個人調書等（個人内評価）           研究資料収集
         ↓                                    ↑
診断的評価〔事前評価〕 ：適切な指導方法の構築  保育・教育課程の編成
         ↑                                    ↑
      再評価              保育の流れ
         ↑                  ↓
      フィー           保育・教育目標の導入
      ド               ↓
      バック           保育活動（実践）        教材や保育・教育
                      （自由保育等による       課程は適切か？
                       保育形態など）
                         ↓
                      幼児への指導・援助・配慮など
                         ↓
                      幼児の活動についての
                      考察・意見・感想・質疑応答等
                         ↓
      誤謬・          形成的評価
      問題等  ←NO    幼児が保育・教育内容をつかんだか？
                         ↓YES
                      活動の発展および別のねらい・内容へ
                         ↓
      よりより授業を求めて → 総括的評価
```

出典：[西本、2010] を基に作成

表2)。例えば、子どもの誤謬やよりよい成長・発達を促す保育方法や指導法の箇所を発見したときは、その場で解決できればよいが、できないときには次回の保育のときに子どもの理解を促すよう、説明の仕方を変えたり、補足を行ったりする。内容が子どもにとって望ましい育ちに寄与しない活動の場合であれば、それに応えるのにふさわしい内容に変更することができる。これらは記録として子どもの活動を書き留めることで、あとで省察の際に活用できる。したがって評価は、保育・教育課程で保育者と子どもが関わることにより、子どもが教材や保育環境を通して経験する種々の学習活動によって育成される理解や認識として現れてくる。それらの課程や活動を保育者が自ら省察することによって、保育・教育課程の内容の質を高め、より深化することができる。

第4節　保育の計画と評価をめぐる課題

1. 保育・教育課程と保育計画の二重構造

　保育における計画には、すでに述べたように保育・教育課程および保育指導計画があり、いわば二重構造となっている。このような態勢となったのは、1964年告示の幼稚園教育要領からである。それまでは日々の保育実践に直結するような指導計画が中心であった。それでは保育・教育課程および保育指導計画の関係をどのように捉えて保育に生かせばよいのであろうか。

　保育・教育課程は、幼稚園やこども園での各園の基本的な方向性を示したものである。他方、保育指導計画は、一人ひとりの保育者が保育・教育課程を実践していくための具体的手立てとなる。

　保育・教育課程は、園長の責任において作成されるのに対して、保育

指導計画はクラスを担任する保育者の責任で作成される。保育・教育は日々の子どもの生活の積み重ねであるし、子どもの実態を反映した保育指導計画は、保育者にとって最も身近な計画となる。ただし保育者は、慌ただしい毎日の業務に追われる中で、目先のことに左右されてしまうと、子どもの実態を見失ってしまうことにもなりかねない。それゆえ保育・教育課程が、保育・教育を実践するうえでの羅針盤的存在となる。しかし保育・教育課程の内容が良いものであったとしても、そのままでは保育・教育実践として使用するわけにはいかない。すなわち将来をも考慮したことにまで考えを及ぼす保育・教育課程の理念を生かして、具体的な内容と方法を時間の流れに沿って示したものが保育指導計画となる。したがって、保育・教育課程と保育指導計画は、互いに相補的な関係にあるとみなされる。したがって保育・教育課程の長期的展望に立った評価と、日々の保育指導での子どもおよび保育者の行動の評価をし、省察していくことになる。

2. 保育一元化・義務教育化

保育一元化については1930年代から提唱され、戦時期の一時期を除いて、幾度となく議論・検討を積み重ねているが、全面的な実施には至っていない。現代では、保育と教育を一体的に提供する施設として認定こども園があるが、園数は762（2011年）とまだ少なく、さらなる充実が望まれる。

また、義務教育化も数十年にわたる検討課題であった。かつてはその負担増に現場の賛同が得られなかったが、PISAが示す日本の子どもの学力が、今後も低迷状態で続くようであれば、1年前倒しあるいはそれ以上の年限の前倒しの教科的教育が復活する可能性がある。もし義務教育化が実施されるようになると、それによって日本の子どもの学力を向上する基礎をつくることになる。そのときには評価方法や表し方も段階評定や点数化に推移するかもしれない。

3. 課外での子ども・家庭支援プログラム

　通常の保育・教育の修了後に、子どもと家庭支援のためのプログラムが必要となる場合がある。例えば児童館・大型児童センターあるいは児童養護施設・母子生活支援施設などでの保育がある。ここでの子どもの育ち（成長・発達や学習）が、経験知として知りうることになっている。しかしながら、明確な評価の記録と通知の有無については、前者はそれが明確ではないのに対し、後者は明確であって幼稚園・保育所・こども園と連携をとっている、などの施設の種類による違いがある。特に児童館・大型児童センターでの子どもの活動については、断続的な保育・教育課程があっても、保育者の配置が義務づけられていないこともあって、連携とも絡んでどのようにして評価基準を設定していくかが課題となる。

【引用・参考文献】

　稲葉宏雄『現代教育課程論』（あゆみ教育学叢書13）あゆみ出版、1984年

　小川正道『世界の幼児教育〔第7版〕』明治図書、1976年

　小川正道『現代の幼児教育——海外の動向と進歩〔第3版〕』（保育学講座4）フレーベル館、1971年

　B・D・シャクリー、R・アンブロース、N・バーバー、S・ハンズフォード（田中耕治監訳）『ポートフォリオをデザインする教育評価への新しい挑戦』ミネルヴァ書房、2001年

　鈴木信政『保育課程』（保育学講座2）フレーベル館、1970年

　西本望「保育の計画を作成する」田中まさ子編『保育原理〔第2版〕』みらい、2010年、pp.128-154

　西本望「保育・教育課程の構成」廣岡義之編『新しい教育課程』ミネルヴァ書房、2011年、pp.49-71

　待井和江編『保育原理〔第6版〕』（現代の保育学4）ミネルヴァ書房、2005年

光成研一郎「教育内容と教育課程」武安宥・長尾和英編『人間形成のイデア〔改訂版〕』昭和堂、pp.157-170

守屋光雄『遊びの保育』新読書社、1975年

守屋光雄『海外保育・福祉事情——研修・有効・贖罪の旅』日本図書刊行会、1997年

R・R・ラスク（田口仁久訳）『幼児教育史〔第5版〕』学芸図書、1979年

【監修者紹介】

林 邦雄（はやし・くにお）
　元静岡大学教育学部教授、元目白大学人文学部教授
　[**主な著書**]『図解子ども事典』（監修、一藝社、2004年）、『障がい児の育つこころ・育てるこころ』（一藝社、2006年）ほか多数

谷田貝 公昭（やたがい・まさあき）
　目白大学名誉教授
　[**主な著書**]『新・保育内容シリーズ［全6巻］』（監修、一藝社、2010年）、『子ども学講座［全5巻］』（監修、一藝社、2010年）ほか多数

【編著者紹介】

髙橋 弥生（たかはし・やよい）［第1章］
　目白大学人間学部教授
　[**主な著書**]『データでみる幼児の基本的生活習慣〔第2版〕』（共著、一藝社、2009年）、『生活の自立Hand Book ——排せつ・食事・睡眠・着脱・清潔』（共著、学習研究社、2009年）ほか多数

【執筆者紹介】

(五十音順、[ ] 内は担当章)

安部 孝（あべ・たかし）[第9章]
　名古屋芸術大学人間発達学部准教授

五十嵐 淳子（いがらし・じゅんこ）[第13章]
　帝京短期大学講師

岩崎 桂子（いわさき・けいこ）[第8章]
　埼玉東萌短期大学専任講師

岸 優子（きし・ゆうこ）[第7章]
　奈良女子大学文学部非常勤講師

宍戸 良子（ししど・りょうこ）[第12章]
　大阪国際大学短期大学部講師

髙橋 多恵子（たかはし・たえこ）[第4章]
　青森明の星短期大学講師

髙林 穂津美（たかばやし・ほづみ）[第2章]
　元東京立正短期大学准教授

田中 卓也（たなか・たくや）[第6章]
　共栄大学教育学部准教授

永渕 泰一郎（ながぶち・たいいちろう）[第10章]
　畿央大学教育学部講師

西本 望（にしもと・のぞむ）[第15章]
　武庫川女子大学文学部教授

船田 鈴子（ふなだ・れいこ）[第13章]
　愛国学園保育専門学校副校長

三宅 茂夫（みやけ・しげお）[第3章]
　神戸女子大学文学部教授

柳生 崇志（やぎゅう・たかし）[第11章]
　沖縄女子短期大学准教授

吉田 直哉（よしだ・なおや）[第5章]
　東京成徳大学子ども学部助教

和田上 貴昭（わだがみ・たかあき）[第14章]
　目白大学人間学部准教授

保育者養成シリーズ
保育・教育課程論

2012年8月10日　初版第1刷発行
2015年3月10日　初版第3刷発行

監修者　林 邦雄・谷田貝 公昭
編著者　髙橋 弥生
発行者　菊池 公男

発行所　株式会社 一藝社
〒160-0014　東京都新宿区内藤町1-6
Tel. 03-5312-8890　Fax. 03-5312-8895
E-mail : info@ichigeisha.co.jp
HP : http://www.ichigeisha.co.jp
振替　東京 00180-5-350802
印刷・製本　シナノ書籍印刷株式会社

©Kunio Hayashi, Masaaki Yatagai 2012 Printed in Japan
ISBN 978-4-86359-044-1 C3037
乱丁・落丁本はお取り替えいたします

一藝社の本

保育者養成シリーズ
林 邦雄・谷田貝公昭◆監修
《"幼児の心のわかる保育者を養成する"この課題に応える新シリーズ》

児童家庭福祉論　　髙玉和子◆編著
A5判　並製　224頁　定価（本体1,800円＋税）　ISBN 978-4-86359-020-5

教育原理　　大沢 裕◆編著
A5判　並製　208頁　定価（本体2,200円＋税）　ISBN 978-4-86359-034-2

保育内容総論　　大沢 裕・高橋弥生◆編著
A5判　並製　200頁　定価（本体2,200円＋税）　ISBN 978-4-86359-037-3

保育の心理学Ⅰ　　谷口明子・西方 毅◆編著
A5判　並製　216頁　定価（本体2,200円＋税）　ISBN 978-4-86359-038-0

保育の心理学Ⅱ　　西方 毅・谷口明子◆編著
A5判　並製　208頁　定価（本体2,200円＋税）　ISBN 978-4-86359-039-7

相談援助　　髙玉和子・和田上貴昭◆編著
A5判　並製　208頁　定価（本体2,200円＋税）　ISBN 978-4-86359-035-9

保育相談支援　　髙玉和子・和田上貴昭◆編著
A5判　並製　200頁　定価（本体2,200円＋税）　ISBN 978-4-86359-036-6

保育・教育課程論　　高橋弥生◆編著
A5判　並製　216頁　定価（本体2,200円＋税）　ISBN 978-4-86359-044-1

障害児保育　　青木 豊◆編著
A5判　並製　208頁　定価（本体2,200円＋税）　ISBN 978-4-86359-045-8

保育実習　　高橋弥生・小野友紀◆編著
A5判　並製　208頁　定価（本体2,200円＋税）　ISBN 978-4-86359-046-5

幼稚園教育実習　　大沢 裕・高橋弥生◆編著
A5判　並製　208頁　定価（本体2,200円＋税）　ISBN 978-4-86359-047-2

新版 保育者論　　谷田貝公昭・高橋弥生◆編著
A5判　並製　208頁　定価（本体2,200円＋税）　ISBN 978-4-86359-051-9

子どもの食と栄養　　林 俊郎◆編著
A5判　並製　216頁　定価（本体2,200円＋税）　ISBN 978-4-86359-052-6

社会福祉　　山﨑順子・和田上貴昭◆編著
A5判　並製　224頁　定価（本体2,200円＋税）　ISBN 978-4-86359-053-3

ご注文は最寄りの書店または小社営業部まで。小社ホームページからもご注文いただけます。